CB067811

Este
planner
pertence a

_____

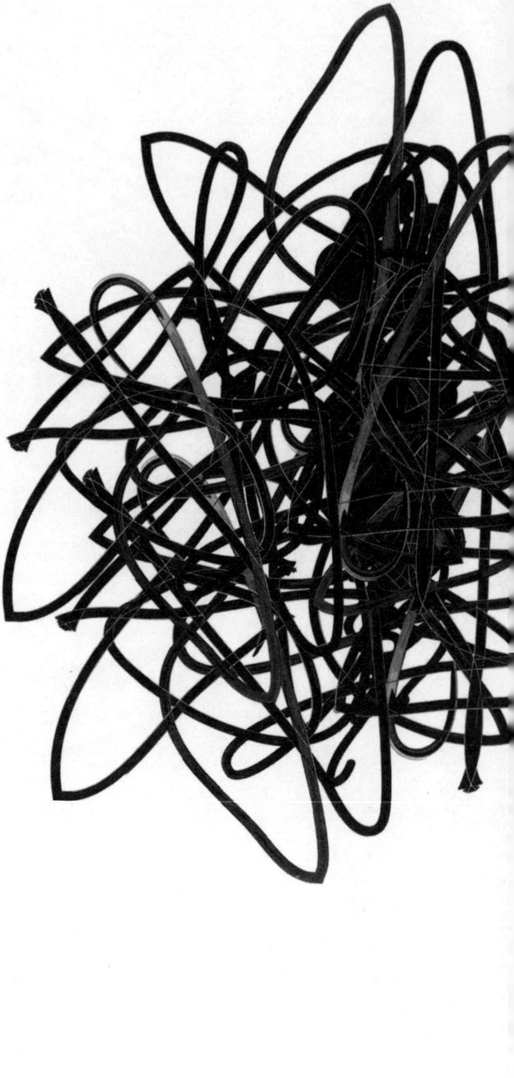

o planner do essencialismo

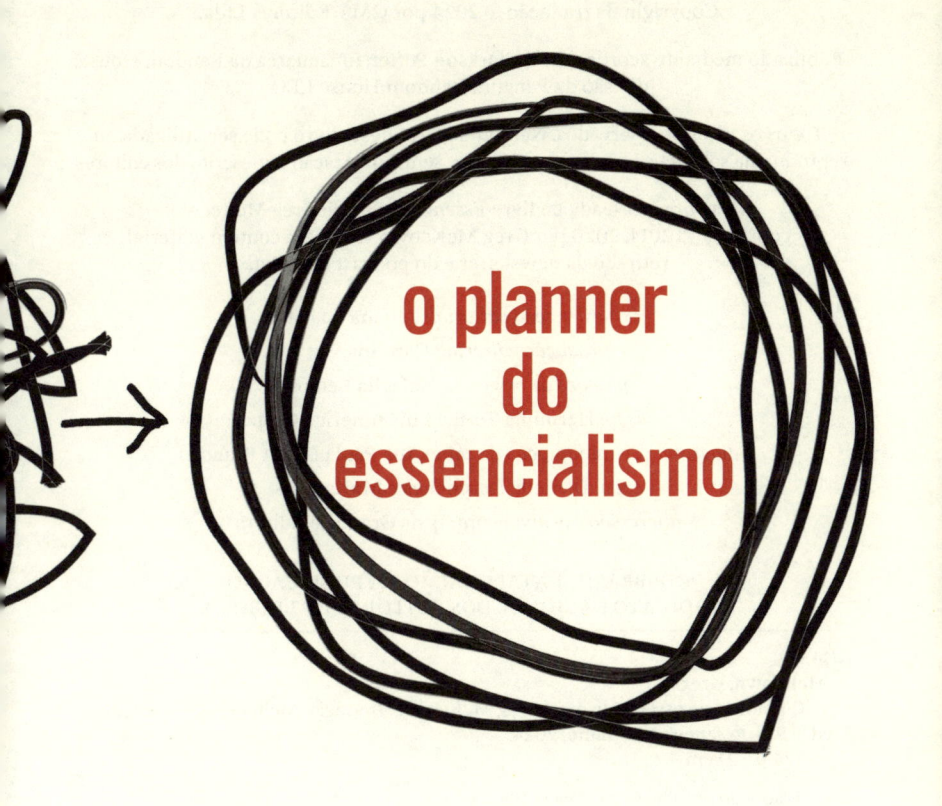

GREG McKEOWN

Traduzido por Melissa Lopes Leite

SEXTANTE

Título original: *The Essentialism Planner*
Copyright © 2024 por Greg McKeown
Copyright da tradução © 2024 por GMT Editores Ltda.

Publicado mediante acordo com a Clarkson Potter, uma marca da Random House, divisão da Penguin Random House LLC.

Todos os direitos reservados. Nenhuma parte deste livro pode ser utilizada ou reproduzida sob quaisquer meios existentes sem autorização por escrito dos editores.

Esta obra é baseada no livro *Essencialismo*, de Greg McKeown, copyright © 2014, 2020 por Greg McKeown. Também contém material retirado da newsletter e do podcast do autor.

coordenação editorial: Juliana Souza
produção editorial: Carolina Vaz
preparo de originais: Rafaella Lemos
revisão: Hermínia Totti e Luis Américo Costa
diagramação e adaptação de capa: Ana Paula Daudt Brandão
capa: Danielle Deschenes e Maria Elias
impressão e acabamento: Ipsis Gráfica e Editora

CIP-BRASIL. CATALOGAÇÃO NA PUBLICAÇÃO
SINDICATO NACIONAL DOS EDITORES DE LIVROS, RJ

M143p

McKeown, Greg
  O planner do essencialismo / Greg McKeown ; tradução Melissa Lopes Leite. - 1. ed. - Rio de Janeiro : Sextante, 2024.
  224 p. ; 21 cm.

  Tradução de: The essentialism planner
  ISBN 978-65-5564-958-1

  1. Escolha (Psicologia). 2. Processo decisório. 3. Essencialismo (Filosofia). I. Leite, Melissa Lopes. II. Título.

24-93693
CDD: 153.83
CDU: 159.947.2

Gabriela Faray Ferreira Lopes - Bibliotecária - CRB-7/6643

Todos os direitos reservados, no Brasil, por
GMT Editores Ltda.
Rua Voluntários da Pátria, 45 – 14º andar – Botafogo
22270-000 – Rio de Janeiro – RJ
Tel.: (21) 2538-4100
E-mail: atendimento@sextante.com.br
www.sextante.com.br

INTRODUÇÃO

Durante a minha infância na Inglaterra, era muito comum nos perdermos quando meu pai estava dirigindo. Ainda levaria décadas para inventarem o GPS e, nossa!, como ele fazia falta. Nós dávamos voltas e mais voltas. Às vezes ficávamos literalmente andando em círculos em uma rotatória, sem saber qual saída pegar. Eu adoraria dizer que ríamos disso, mas recordo que a tensão era palpável. Certa noite ficamos tão desorientados que, depois de horas de tentativas, desistimos e voltamos para casa, sem jamais encontrar nosso destino.

Nessas inúmeras ocasiões, lembro que meu pai dizia: "Estou sentindo que é por aqui!" E ele falava sério. E, assim, íamos parar em alguma rua esquisita. Depois de algum tempo, eu me sentia como Inigo Montoya em *A princesa prometida*, pensando com meus botões: "Não acho que essas palavras signifiquem o que você pensa!"

Talvez em parte por causa dessas experiências nos meus anos de formação, cheguei a um dos insights mais importantes da minha vida:

Existem dois tipos de pessoa no mundo:
as que estão perdidas
e as que sabem que estão perdidas.

Procuro me enquadrar na segunda categoria. Não afirmo ser um essencialista perfeito. O que posso afirmar é: estou disposto a admitir, toda manhã, que me sinto perdido de novo. E admitir isso me ajuda a voltar ao campo de batalha e enfrentar as muitas exigências e responsabilidades da minha vida, como todos nós fazemos.

Eu estou com você nesta jornada.

É o seguinte: se você está perdido e sabe disso, você não está mais perdido. Mesmo que precise parar e pedir informações algumas vezes, acabará encontrando o caminho para chegar aonde deseja estar.

Por outro lado, se está perdido mas não admite, você continua perdido. Se disser "Estou sentindo que é por aqui" em vez de parar e pedir informação, você permanecerá perdido.

Somente muitos anos depois fui descobrir que até os aviões passam 90% do tempo fora da rota. Eles só chegam ao destino porque estão sempre fazendo ajustes para retomar o curso. Este é o propósito deste planner: nos trazer de volta ao que é essencial dia após dia. Isso porque a vida, assim como o voo de uma aeronave, é cheia de desvios inesperados. Ao se comprometer a usá-lo todos os dias, durante 90 dias, você estará embarcando em uma viagem de realinhamento contínuo com o que é essencial.

Ao mergulhar nestas páginas, você não apenas estará planejando seus dias, mas organizando toda a sua vida. Cada atividade é um convite para pausar, refletir e fazer uma escolha consciente. Para se perguntar se aquilo com que você está prestes a se comprometer é absolutamente essencial. Essa prática diária de discernimento e foco é o que lhe dá o ímpeto necessário para realizar mais fazendo menos. Trata-se de uma jornada para abandonar o que não é essencial e abrir espaço para o que de fato desperta a sua paixão e alimenta o seu propósito.

Ao adotar *O planner do essencialismo*, você se une a uma comunidade de pensadores, realizadores e sonhadores que ousaram desafiar a ideia equivocada do senso comum de que "mais é melhor". Você se torna parte de um movimento que defende a elegância da simplicidade, a força do foco e a alegria de descobrir que é na essência do "menos é mais" que está a abundância de uma vida bem vivida. Deixe que este planner seja seu guia, sua bússola e seu companheiro constante enquanto você navega pela bela complexidade da vida, retornando sempre ao que é essencial, dia após dia.

Energia

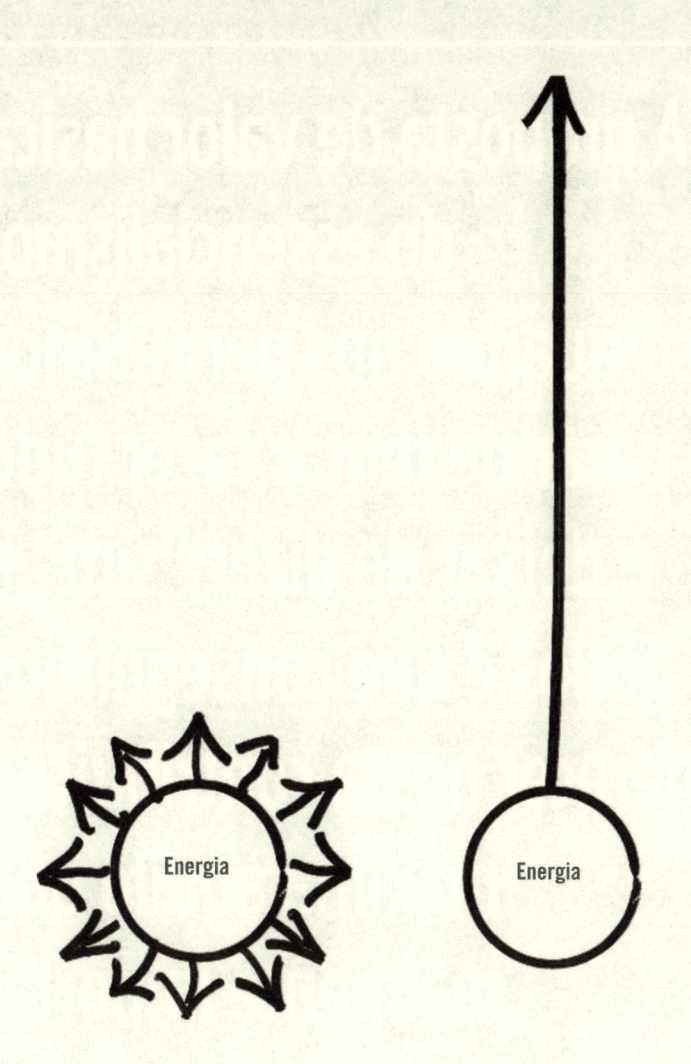

Energia

A proposta de valor básica do essencialismo: só quando nos permitimos parar de tentar fazer tudo e deixar de dizer "sim" a todos é que conseguimos oferecer nossa contribuição máxima àquilo que realmente importa.

– *Essencialismo*, p. 12

O CAMINHO DO ESSENCIALISTA

Com que frequência você diz "sim" apenas para agradar? Ou para evitar problemas? Ou porque "sim" acabou se tornando sua resposta padrão?

Você já se sentiu ocupado mas não produtivo? Como se estivesse sempre em movimento mas sem chegar a lugar nenhum?

Se você respondeu "sim" a qualquer uma dessas perguntas, o melhor caminho para sair dessa situação é *O planner do essencialismo*.

Este guia vai ajudar você a ter disciplina na **busca incansável do menos porém melhor**.

O caminho do essencialista consiste em parar constantemente para se perguntar: **"Estou investindo nas atividades certas?"** A verdade é que, em sua maioria, as atividades e oportunidades são triviais. Poucas são vitais. O caminho do essencialista exige que se aprenda a fazer uma distinção: filtrar todas essas opções e selecionar apenas as verdadeiramente essenciais. Não se trata de fazer mais; trata-se de fazer as coisas *certas*. Você deseja investir seu tempo e sua energia da forma mais sábia possível para dar sua contribuição máxima fazendo apenas o que é essencial.

O PLANNER DO ESSENCIALISTA

Tornar-se um essencialista é um processo ativo diário. Tal como acontece com a adoção de qualquer estilo de vida, é necessário abraçar o pensamento essencialista e reprogramar o cérebro para abandonar velhos hábitos que reforcem objetivos e tarefas não essenciais. Este planner apresenta a filosofia do essencialismo e ajuda você a colocá-la em prática durante 90 dias. Em vez de encher suas páginas com tarefas e atividades sem sentido, você será desafiado todos os dias, ao longo de três meses, a deixar de lado o que não é essencial e estabelecer seu foco no que é mais importante. Use o quadro de planejamento diário para se aproximar do essencial e ao mesmo tempo eliminar quaisquer distrações. Em pouco tempo você verá que naturalmente vai parar de tentar fazer tudo e de dizer "sim" a todos. E, ao final dos 90 dias, provavelmente terá alcançado o que se propôs a fazer ou obtido clareza sobre o que virá a seguir.

ISSO

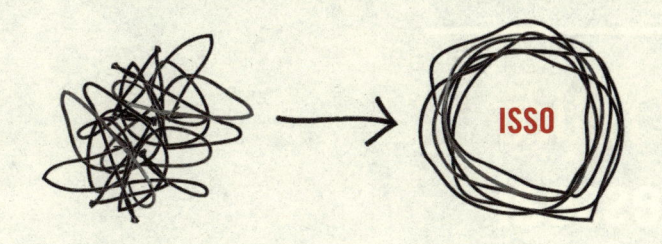

	NÃO ESSENCIALISTA	**ESSENCIALISTA**
Pensa	**TUDO PARA TODOS** "Tenho que fazer." "Tudo é importante." "Como dar conta de tudo?"	**MENOS PORÉM MELHOR** "Escolho fazer." "Apenas poucas coisas realmente importam." "Do que abrir mão?"
Faz	**A BUSCA INDISCIPLINADA POR MAIS** Reage ao que é mais urgente Diz "sim" sem pensar direito Tenta forçar a execução na última hora	**A BUSCA DISCIPLINADA POR MENOS** Faz uma pausa para discernir o que realmente importa Diz "não" a tudo, menos ao essencial Remove obstáculos para tornar a execução fácil
Obtém	**LEVA UMA VIDA QUE NÃO SATISFAZ** Sente-se sem controle Não sabe se as coisas certas foram feitas Sente-se exausto e sobrecarregado	**LEVA UMA VIDA QUE TEM SIGNIFICADO** Sente-se no controle Faz as coisas certas Sente alegria na jornada

O retiro
pessoal
trimestral

2. Eliminar

A busca disciplinada por menos

1. Explorar

3. Executar

(Continue assim!)

Realizar um retiro pessoal trimestral é uma maneira de entender o que está acontecendo na nossa vida, por que isso importa e no que precisamos nos concentrar em seguida. Essa é uma oportunidade de fugir do impulso de ficar pulando de reunião em reunião, que pode levar pessoas inteligentes a ser ludibriadas pelo trivial.

A cada 90 dias, tire um dia para se distanciar do ruído digital ensurdecedor e da rotina habitual de sua vida agitada e refletir sobre o que realmente importa.

Se não puder reservar um dia inteiro para isso, experimente dedicar algumas horas no fim de semana para pensar em três perguntas cruciais:

1. Há algo essencial em que eu esteja investindo pouco?
2. Há algo não essencial em que eu esteja investindo demais?
3. Como posso realizar as coisas mais importantes sem esforço?

Quando não reservamos tempo para refletir sobre essas perguntas mais estratégicas, passamos a viver em função dos interesses de outras pessoas. Só nos resta reagir ao último e-mail que recebemos, e podemos ficar sem rumo, jogados de um lado para outro ao sabor do vento.

As páginas a seguir vão guiá-lo em seu retiro pessoal deste trimestre. Ao chegar ao final desta seção, você terá clareza sobre quais ajustes importantes deseja fazer ao longo dos próximos 90 dias.

EXPLORAR: O QUE É ESSENCIAL?

▶ Em que aspecto essencial você está investindo pouco?

▶ Por que isso é importante para você?

Por quê?

Por quê?

Por quê?

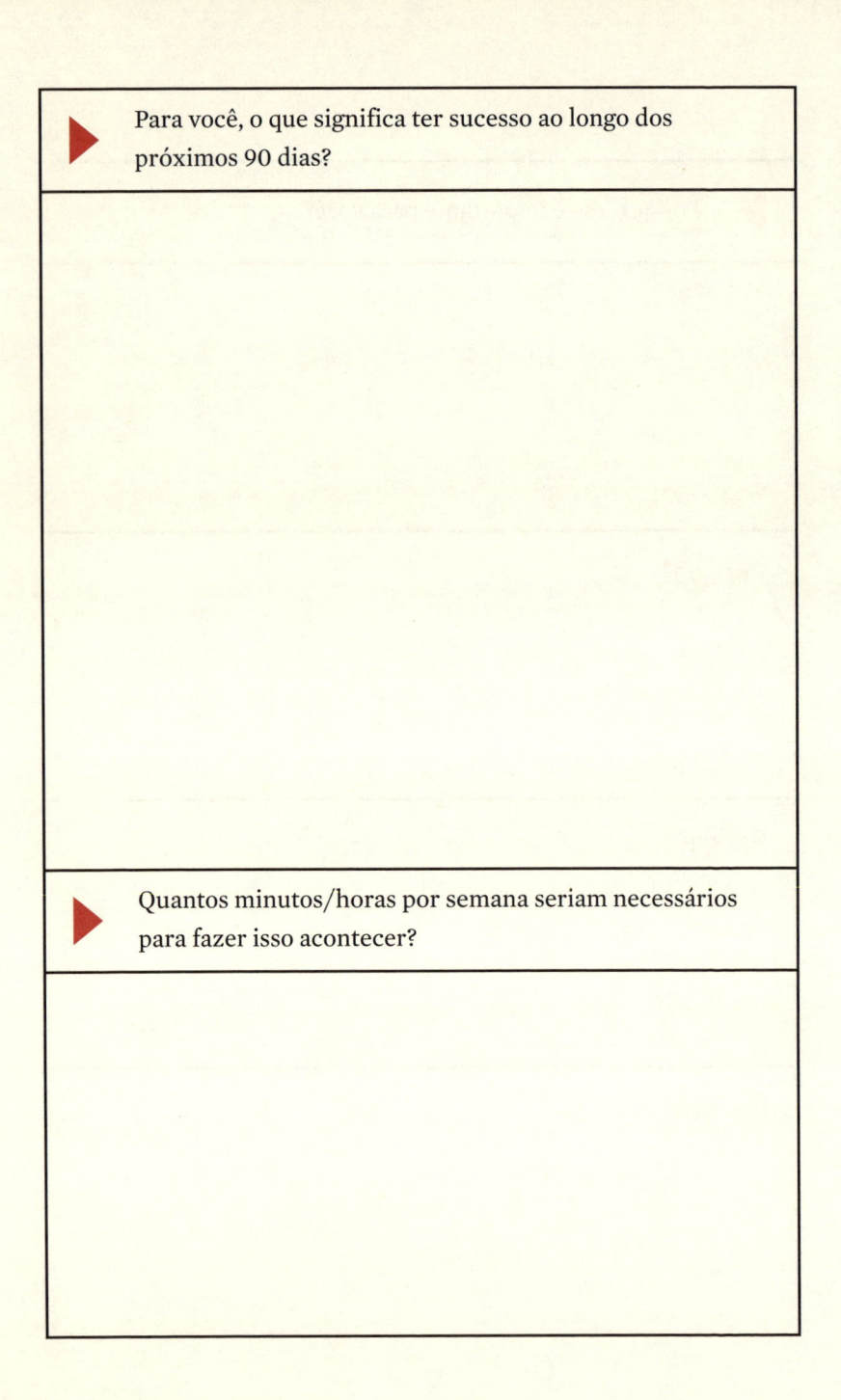

▶ Para você, o que significa ter sucesso ao longo dos próximos 90 dias?

▶ Quantos minutos/horas por semana seriam necessários para fazer isso acontecer?

ELIMINAR: O QUE NÃO É ESSENCIAL?

▶ Em quais atividades não essenciais você está investindo demais?

▶ Por que está dedicando tempo a essas atividades?

Por quê?

Por quê?

Por quê?

▶ Quanto tempo você dedicou a elas nos últimos 90 dias?

▶ Qual é o preço total (financeiro, emocional, mental) que você paga por elas?

EXECUTAR: COMO TORNAR ISSO FÁCIL?

▶ Com quem você precisa conversar para que isso aconteça?

▶ O que realmente importa para essas pessoas agora?

▶ O que pode fazer com que todos saiam ganhando?

▶ Como você pode expressar o que deseja levando os interesses delas em conta?

O planner diário do essencialista

SEGUNDA-FEIRA ___ / ___

O QUÊ? O que está acontecendo na minha vida?

_____
_____
_____
_____
_____
_____

POR QUÊ? Por que tudo isso importa?

_____
_____
_____
_____

> Se não estabelecermos prioridades, alguém fará isso por nós.
> – *Essencialismo*, p. 18

Agora que você concluiu seu retiro pessoal trimestral, chegou a hora de viver como um essencialista. Os dois métodos a seguir serão utilizados nas páginas de planejamento diário para ajudá-lo a diminuir o caos e se concentrar no que é realmente essencial.

E AGORA? O que é importante agora?

1 projeto essencial

- _____

2 tarefas urgentes e essenciais

- _____
- _____

3 tarefas de manutenção

- _____
- _____
- _____

Outras tarefas ou observações

- _____
- _____
- _____
- _____
- _____
- _____
- _____
- _____

A MEIA HORA TURBINADA

Você já se sentiu bombardeado pela quantidade de ruído que existe no mundo hoje? Não estou me referindo à barulheira literal, mas a todo o ruído digital, ao ruído mental e ao ruído entre as pessoas que torna difícil até mesmo entender o que o outro está querendo dizer. Em um mundo de tumulto e distração constantes, é essencial aprender a eliminar o ruído para que possamos ouvir melhor o sinal que nos conduz ao nosso potencial mais elevado.

É aqui que entra a meia hora turbinada,* que inicia todas as páginas diárias deste planner. Durante esse período de 30 minutos, você vai sintetizar pensamentos, obter clareza e chegar a insights mais profundos sobre questões complexas. Esse tempo permite que você se concentre no que realmente importa e pode ser especialmente eficaz para lidar com decisões desafiadoras ou chegar ao cerne de uma situação.

Esta estrutura simples vai ajudá-lo a planejar, ponderar e sintetizar o que está acontecendo em sua vida.

O QUÊ? O que está acontecendo na minha vida?

Liste todos os seus projetos, tarefas e responsabilidades importantes. Se tiver dificuldade para começar, reflita sobre uma única questão que você deseje explorar – um desafio profissional, uma decisão pessoal ou uma indagação filosófica.

---

* Durante sua meia hora turbinada, desative as notificações de e-mail, de mensagens de texto e de atualizações de notícias. Desconectar-se da tecnologia evitará que você mergulhe de cabeça no ruído do dia e permitirá uma introspecção mais profunda.

POR QUÊ? Por que tudo isso importa?

Esta é uma questão para ligar os pontos: o que tudo isso significa? Imagine que você é um jornalista escrevendo uma manchete para sua vida. Quais são as notícias mais importantes? Como seria a manchete? Em resposta a essa pergunta, uma vez escrevi: "Você está sobrecarregado: está na hora de respirar." Outra vez escrevi "Trabalho", porque tinha clareza sobre o que era essencial e era hora de pôr a mão na massa.

E AGORA? O que é importante agora?

Depois de saber o que é importante e por quê, é hora de planejar o seu dia. O Método 1-2-3® (veja na página seguinte) vai ajudar você a fazer isso do jeito mais fácil.

O MÉTODO 1-2-3®

Você já sentiu que a vida está levando você, e não o contrário?

Muitas vezes, a vida parece um grande jogo de ação e reação, exigindo que você pule de uma tarefa para outra tentando alcançar o que é importante. E, de alguma forma, acreditamos que basta otimizar nossa agenda, reduzir o tempo de lazer e entrar no modo multitarefa para darmos conta de tudo. Mas a verdade é que esse é um malabarismo que ninguém consegue manter.

Paradoxalmente, a resposta não está em descobrir como fazer mais coisas em menos tempo, mas em descobrir como fazer menos coisas de um jeito melhor. Quando consegue enxergar com clareza e organizar os diversos elementos de sua vida em ordem de prioridade, é possível estabelecer um ritmo que lhe proporcione controle e ordem, permitindo que você viva a vida que planejou.

O Método 1-2-3® ajuda você a responder à pergunta ***E agora?***. É um método diário ideal para retomar o controle do seu dia e tornar mais fácil essa dança complexa entre o urgente e o essencial. Parece algo simples, mas seu impacto é profundo. Neste planner, você usará esse método diariamente.

Veja como ele funciona. Identifique:

| **UM** projeto essencial e trabalhe três horas nele. Esta é a prioridade do dia. | **DUAS** tarefas urgentes e essenciais que devem ser realizadas para evitar que você se atrase. | **TRÊS** tarefas de manutenção a serem concluídas para manter a organização e prevenir problemas. |

O ritmo da nossa vida e o peso de nossas escolhas dependem de um entendimento simples: ter clareza na priorização. No entanto, conforme as exigências da vida moderna vão aumentando, muitas vezes nos vemos tendo que conciliar o urgente com o essencial. Essa dança, embora complexa, torna-se mais fácil de acompanhar com o Método 1-2-3®.

> Para outras informações sobre a meia hora turbinada, confira o episódio 233 do meu podcast (em inglês). Para saber mais sobre o Método 1-2-3®, ouça o episódio 225.

SEGUNDA-FEIRA ___ / ___

O QUÊ? O que está acontecendo na minha vida?

_____
_____
_____
_____
_____
_____
_____

POR QUÊ? Por que tudo isso importa?

_____
_____
_____
_____
_____

> Se não estabelecermos prioridades, alguém fará isso por nós.
> – *Essencialismo*, p. 18

E AGORA? O que é importante agora?

1 projeto essencial

- _____

2 tarefas urgentes e essenciais

- _____
- _____

3 tarefas de manutenção

- _____
- _____
- _____

Outras tarefas ou observações

- _____
- _____
- _____
- _____
- _____
- _____
- _____
- _____

TERÇA-FEIRA ___ / ___

O QUÊ? O que está acontecendo na minha vida?

_____
_____
_____
_____
_____
_____
_____

POR QUÊ? Por que tudo isso importa?

_____
_____
_____
_____
_____

DESAFIO DO DIA:

Os não essencialistas abrem mão do direito de escolher. Os essencialistas exercem o poder de escolher. Hoje, preste atenção em todas as vezes que disser as palavras "Eu tenho que fazer" e as substitua por "Eu escolho fazer".

– *Essencialismo*, p. 47

E AGORA? O que é importante agora?

1 projeto essencial

- _____

2 tarefas urgentes e essenciais

- _____
- _____

3 tarefas de manutenção

- _____
- _____
- _____

Outras tarefas ou observações

- _____
- _____
- _____
- _____
- _____
- _____
- _____
- _____

QUARTA-FEIRA ___/___

O QUÊ? O que está acontecendo na minha vida?

_____
_____
_____
_____
_____
_____

POR QUÊ? Por que tudo isso importa?

_____
_____
_____
_____

> O perfeccionismo torna mais difícil começar projetos essenciais; duvidar de si mesmo torna mais difícil terminá-los; e tentar fazer coisas demais, depressa demais, torna mais difícil manter o ímpeto.
> – *Sem esforço*, p. 27

E AGORA? O que é importante agora?

1 projeto essencial

- _____

2 tarefas urgentes e essenciais

- _____
- _____

3 tarefas de manutenção

- _____
- _____
- _____

Outras tarefas ou observações

- _____
- _____
- _____
- _____
- _____
- _____
- _____
- _____

QUINTA-FEIRA ___ / ___

O QUÊ? O que está acontecendo na minha vida?

_____
_____
_____
_____
_____
_____

POR QUÊ? Por que tudo isso importa?

_____
_____
_____
_____

DESAFIO DO DIA:
Com que pequena mudança você pode se comprometer pelos próximos sete dias? Que diferença você espera observar? Por que ela é importante para você?
– Newsletter *1-Minute Wednesday*

E AGORA? O que é importante agora?

1 projeto essencial

- _____

2 tarefas urgentes e essenciais

- _____
- _____

3 tarefas de manutenção

- _____
- _____
- _____

Outras tarefas ou observações

- _____
- _____
- _____
- _____
- _____
- _____
- _____
- _____

SEXTA-FEIRA ___ / ___

O QUÊ? O que está acontecendo na minha vida?

_____
_____
_____
_____
_____
_____
_____

POR QUÊ? Por que tudo isso importa?

_____
_____
_____
_____

> Comece devagar: separe um tempo, reserve um espaço, faça uma caminhada, dê uma escapada – torne isso um hábito e crie um momento para realmente refletir.
> – Newsletter *1-Minute Wednesday*

E AGORA? O que é importante agora?

1 projeto essencial

- _____

2 tarefas urgentes e essenciais

- _____
- _____

3 tarefas de manutenção

- _____
- _____
- _____

Outras tarefas ou observações

- _____
- _____
- _____
- _____
- _____
- _____
- _____
- _____

SÁBADO ___ / ___

O QUÊ? O que está acontecendo na minha vida?

_____
_____
_____
_____
_____
_____
_____

POR QUÊ? Por que tudo isso importa?

_____
_____
_____
_____

DESAFIO DO DIA:

Pare um momento para observar:
- Com que frequência você prioriza a conexão com pessoas a quilômetros de distância em detrimento dos relacionamentos essenciais com as pessoas que estão por perto?

Você não precisa fazer uma grande mudança no seu comportamento hoje. Apenas observe.

– Newsletter *1-Minute Wednesday*

E AGORA? O que é importante agora?

1 projeto essencial

- _____

2 tarefas urgentes e essenciais

- _____
- _____

3 tarefas de manutenção

- _____
- _____
- _____

Outras tarefas ou observações

- _____
- _____
- _____
- _____
- _____
- _____
- _____

DOMINGO ___ / ___

O QUÊ? O que está acontecendo na minha vida?

_____
_____
_____
_____
_____
_____
_____

POR QUÊ? Por que tudo isso importa?

_____
_____
_____
_____

> E se ninguém mais achasse que estar ocupado é ser importante? E se, em vez disso, comemorássemos o tempo que passamos escutando, refletindo, meditando e aproveitando a vida com as pessoas que mais importam para nós?
> – *Essencialismo*, p. 34

E AGORA? O que é importante agora?

1 projeto essencial

- _____

2 tarefas urgentes e essenciais

- _____
- _____

3 tarefas de manutenção

- _____
- _____
- _____

Outras tarefas ou observações

- _____
- _____
- _____
- _____
- _____
- _____
- _____
- _____

REFLEXÃO
Semanal

1º PASSO
PRATIQUE A GRATIDÃO RADICAL

Recapitule sua última semana e anote cinco coisas pelas quais você sente gratidão (incluindo as coisas difíceis).

- _____
- _____
- _____
- _____
- _____

2º PASSO
FAÇA UMA PRÉVIA DA SEMANA

Cheque seu calendário e anote os principais eventos ou atividades já agendados para a próxima semana.

- _____
- _____
- _____
- _____
- _____

3º PASSO
INVISTA INTENCIONALMENTE E DESINVISTA DELIBERADAMENTE

Escreva duas ou três coisas essenciais em que esteja investindo menos do que deveria.

- _____
- _____
- _____

Escreva duas ou três coisas não essenciais em que esteja investindo mais do que deveria.

- _____
- _____
- _____

4º PASSO
ESCOLHA AS METAS DA SEMANA

Determine as três tarefas essenciais que você quer concluir ao longo da próxima semana.

- _____
- _____
- _____

SEGUNDA-FEIRA ___ / ___

O QUÊ? O que está acontecendo na minha vida?

_____
_____
_____
_____
_____
_____
_____

POR QUÊ? Por que tudo isso importa?

_____
_____
_____
_____

> Supervalorizamos coisas não essenciais, como uma casa ou um carro novos, e até coisas intangíveis, como o número de seguidores nas redes sociais ou a qualidade das fotos do perfil. Em consequência, negligenciamos atividades realmente essenciais, como passar mais tempo com as pessoas que amamos, cultivar o espírito ou cuidar da saúde.
> – *Essencialismo*, p. 131

E AGORA? O que é importante agora?

1 projeto essencial

- _____

2 tarefas urgentes e essenciais

- _____
- _____

3 tarefas de manutenção

- _____
- _____
- _____

Outras tarefas ou observações

- _____
- _____
- _____
- _____
- _____
- _____
- _____
- _____

TERÇA-FEIRA ___ / ___

O QUÊ? O que está acontecendo na minha vida?

_____
_____
_____
_____
_____
_____
_____

POR QUÊ? Por que tudo isso importa?

_____
_____
_____
_____

DESAFIO DO DIA:
Automatizar o que é essencial é crucial para viver uma vida essencial. Mas isso também pode se voltar contra nossos interesses (por exemplo, um serviço de assinatura pelo qual você paga mas não usa mais). Identifique uma modalidade de automatização negativa em sua vida e a elimine.

– Newsletter *1-Minute Wednesday*

E AGORA? O que é importante agora?

1 projeto essencial

- _____

2 tarefas urgentes e essenciais

- _____
- _____

3 tarefas de manutenção

- _____
- _____
- _____

Outras tarefas ou observações

- _____
- _____
- _____
- _____
- _____
- _____
- _____
- _____

QUARTA-FEIRA ___ / ___

O QUÊ? O que está acontecendo na minha vida?

_____
_____
_____
_____
_____
_____

POR QUÊ? Por que tudo isso importa?

_____
_____
_____
_____

> O caminho do essencialista leva ao controle sobre as próprias escolhas e a um novo nível de sucesso e significado. Nele, aproveitamos a viagem, e não apenas o destino.
> – *Essencialismo*, p. 17

E AGORA? O que é importante agora?

1 projeto essencial

- _____

2 tarefas urgentes e essenciais

- _____
- _____

3 tarefas de manutenção

- _____
- _____
- _____

Outras tarefas ou observações

- _____
- _____
- _____
- _____
- _____
- _____
- _____
- _____

QUINTA-FEIRA ___ / ___

O QUÊ? O que está acontecendo na minha vida?

_____
_____
_____
_____
_____
_____

POR QUÊ? Por que tudo isso importa?

_____
_____
_____
_____

DESAFIO DO DIA:

Separar um tempo para refletir sobre o que é importante para você mudará o seu dia. Fazer isso de forma consistente mudará sua vida.

- Reserve 10 minutos no início do dia e faça uma lista do que é importante para você hoje.
- Organize a lista em ordem de prioridade e a consulte ao longo do dia.
- Reflita sobre como você se saiu.

– Newsletter *1-Minute Wednesday*

E AGORA? O que é importante agora?

1 projeto essencial

- _____

2 tarefas urgentes e essenciais

- _____
- _____

3 tarefas de manutenção

- _____
- _____
- _____

Outras tarefas ou observações

- _____
- _____
- _____
- _____
- _____
- _____
- _____
- _____

SEXTA-FEIRA ___ / ___

O QUÊ? O que está acontecendo na minha vida?

_____
_____
_____
_____
_____
_____
_____

POR QUÊ? Por que tudo isso importa?

_____
_____
_____
_____

> O caminho do essencialista é buscar de forma incansável o menos porém melhor. Ele não concorda com o princípio só de vez em quando, mas o adota de maneira *disciplinada* o tempo inteiro.
> – *Essencialismo*, p. 13

E AGORA? O que é importante agora?

1 projeto essencial

- _____

2 tarefas urgentes e essenciais

- _____
- _____

3 tarefas de manutenção

- _____
- _____
- _____

Outras tarefas ou observações

- _____
- _____
- _____
- _____
- _____
- _____
- _____
- _____

SÁBADO ___ / ___

O QUÊ? O que está acontecendo na minha vida?

_____
_____
_____
_____
_____
_____
_____

POR QUÊ? Por que tudo isso importa?

_____
_____
_____
_____

DESAFIO DO DIA:
Embora nunca tenha sido tão fácil conectar-se ou reconectar-se com familiares e amigos de longa data, muita gente hoje se sente mais isolada do que nunca. A solução para se sentir mais conectado não são mais interações sociais, e sim interações mais significativas. Pense em alguém importante em sua vida e entre em contato com essa pessoa hoje. Isso fará uma diferença positiva na vida de vocês dois.

– Newsletter *1-Minute Wednesday*

E AGORA? O que é importante agora?

1 projeto essencial

- _____

2 tarefas urgentes e essenciais

- _____

- _____

3 tarefas de manutenção

- _____

- _____

- _____

Outras tarefas ou observações

- _____

- _____

- _____

- _____

- _____

- _____

- _____

DOMINGO ___ / ___

O QUÊ? O que está acontecendo na minha vida?

_____
_____
_____
_____
_____
_____

POR QUÊ? Por que tudo isso importa?

_____
_____
_____
_____

> Brincar pode parecer uma atividade não essencial, e geralmente é assim que é tratada. No entanto, brincar é essencial em muitos aspectos. Stuart Brown, fundador do National Institute for Play, estudou o "histórico de brincadeiras" de cerca de 6 mil indivíduos e concluiu que brincar tem o poder de melhorar tudo de forma significativa, da saúde aos relacionamentos, da educação à capacidade de inovação das empresas.
>
> – *Essencialismo*, p. 93

E AGORA? O que é importante agora?

1 projeto essencial

- _____

2 tarefas urgentes e essenciais

- _____
- _____

3 tarefas de manutenção

- _____
- _____
- _____

Outras tarefas ou observações

- _____
- _____
- _____
- _____
- _____
- _____
- _____
- _____

REFLEXÃO
Semanal

1º PASSO
PRATIQUE A GRATIDÃO RADICAL

Recapitule sua última semana e anote cinco coisas pelas quais você sente gratidão (incluindo as coisas difíceis).

- _____
- _____
- _____
- _____
- _____

2º PASSO
FAÇA UMA PRÉVIA DA SEMANA

Cheque seu calendário e anote os principais eventos ou atividades já agendados para a próxima semana.

- _____
- _____
- _____
- _____
- _____

3º PASSO
INVISTA INTENCIONALMENTE
E DESINVISTA DELIBERADAMENTE

Escreva duas ou três coisas essenciais em que esteja investindo menos do que deveria.

- _____
- _____
- _____

Escreva duas ou três coisas não essenciais em que esteja investindo mais do que deveria.

- _____
- _____
- _____

4º PASSO
ESCOLHA AS METAS DA SEMANA

Determine as três tarefas essenciais que você quer concluir ao longo da próxima semana.

- _____
- _____
- _____

SEGUNDA-FEIRA ___ / ___

O QUÊ? O que está acontecendo na minha vida?

_____
_____
_____
_____
_____
_____

POR QUÊ? Por que tudo isso importa?

_____
_____
_____
_____

> Se não for um *sim* óbvio, então é um *não* óbvio.
> – *Essencialismo*, p. 117

E AGORA? O que é importante agora?

1 projeto essencial

- _____

2 tarefas urgentes e essenciais

- _____
- _____

3 tarefas de manutenção

- _____
- _____
- _____

Outras tarefas ou observações

- _____
- _____
- _____
- _____
- _____
- _____
- _____
- _____

TERÇA-FEIRA ___ / ___

O QUÊ? O que está acontecendo na minha vida?

_____
_____
_____
_____
_____
_____

POR QUÊ? Por que tudo isso importa?

_____
_____
_____
_____

DESAFIO DO DIA:
Existe um espaço entre concordar e discordar, e nesse espaço está nossa capacidade de entender o outro. No dia de hoje, resista ao impulso de comunicar sua opinião em toda conversa. Em vez disso, pergunte a si mesmo: com que frequência eu já entro na conversa com a intenção de concordar ou discordar?

– *The Greg McKeown Podcast,* episódio 231, "A busca disciplinada por não fazer nada"

E AGORA? O que é importante agora?

1 projeto essencial

- _____

2 tarefas urgentes e essenciais

- _____
- _____

3 tarefas de manutenção

- _____
- _____
- _____

Outras tarefas ou observações

- _____
- _____
- _____
- _____
- _____
- _____
- _____
- _____

QUARTA-FEIRA ___ /___

O QUÊ? O que está acontecendo na minha vida?

_____
_____
_____
_____
_____
_____
_____

POR QUÊ? Por que tudo isso importa?

_____
_____
_____
_____

> **Pesquisas mostram que, de todas as formas de motivação humana, a mais eficaz é o progresso. Isso porque uma pequena vitória concreta dá impulso e aumenta a fé no sucesso futuro.**
> – *Essencialismo*, p. 204

E AGORA? O que é importante agora?

1 projeto essencial

- _____

2 tarefas urgentes e essenciais

- _____
- _____

3 tarefas de manutenção

- _____
- _____
- _____

Outras tarefas ou observações

- _____
- _____
- _____
- _____
- _____
- _____
- _____
- _____

QUINTA-FEIRA ___ / ___

O QUÊ? O que está acontecendo na minha vida?

_____
_____
_____
_____
_____
_____

POR QUÊ? Por que tudo isso importa?

_____
_____
_____
_____

DESAFIO DO DIA:

Quando se tornam automáticas, as coisas ficam mais fáceis (como colocar contas em débito automático). Facilite sua vida com a automação.
- Pense numa decisão que você toma com frequência.
- Determine como deseja lidar com ela daqui para a frente.
- Identifique como automatizá-la.

– Newsletter *1-Minute Wednesday*

E AGORA? O que é importante agora?

1 projeto essencial

- _____

2 tarefas urgentes e essenciais

- _____
- _____

3 tarefas de manutenção

- _____
- _____
- _____

Outras tarefas ou observações

- _____
- _____
- _____
- _____
- _____
- _____
- _____
- _____

SEXTA-FEIRA ___ / ___

O QUÊ? O que está acontecendo na minha vida?

_____
_____
_____
_____
_____
_____
_____

POR QUÊ? Por que tudo isso importa?

_____
_____
_____
_____

> **Não deveria ser vergonhoso admitir que falhamos; afinal de contas, no fundo estamos reconhecendo que agora somos mais sábios do que antes.**
> – *Essencialismo*, p. 158

E AGORA? O que é importante agora?

1 projeto essencial

- _____

2 tarefas urgentes e essenciais

- _____
- _____

3 tarefas de manutenção

- _____
- _____
- _____

Outras tarefas ou observações

- _____
- _____
- _____
- _____
- _____
- _____
- _____
- _____

SÁBADO ___ / ___

O QUÊ? O que está acontecendo na minha vida?

_____
_____
_____
_____
_____
_____

POR QUÊ? Por que tudo isso importa?

_____
_____
_____
_____

DESAFIO DO DIA:
E se fazer menos fosse na verdade mais eficaz do que se empenhar 100% em algo? Faça uma lista de projetos ou áreas nos quais você frequentemente sente que precisa se empenhar 110%. Em seguida descreva como seria se empenhar 85% neles. Que mudanças de mentalidade você precisa fazer para adotar a regra dos 85%?

– *The Greg McKeown Podcast*, episódio 258, "A regra dos 85%"

E AGORA? O que é importante agora?

1 projeto essencial

- _____

2 tarefas urgentes e essenciais

- _____

- _____

3 tarefas de manutenção

- _____

- _____

- _____

Outras tarefas ou observações

- _____

- _____

- _____

- _____

- _____

- _____

- _____

- _____

DOMINGO ___ /___

O QUÊ? O que está acontecendo na minha vida?

_____
_____
_____
_____
_____
_____

POR QUÊ? Por que tudo isso importa?

_____
_____
_____
_____

> Ler um livro está entre as atividades com mais alavancagem da face da Terra. Com um investimento mais ou menos equivalente à duração de um único dia de trabalho (e algum dinheiro), você obtém acesso ao conhecimento que as pessoas mais inteligentes já descobriram.
> – *Sem esforço*, p. 188

E AGORA? O que é importante agora?

1 projeto essencial

- _____

2 tarefas urgentes e essenciais

- _____
- _____

3 tarefas de manutenção

- _____
- _____
- _____

Outras tarefas ou observações

- _____
- _____
- _____
- _____
- _____
- _____
- _____
- _____

REFLEXÃO
Semanal

1º PASSO
PRATIQUE A GRATIDÃO RADICAL

Recapitule sua última semana e anote cinco coisas pelas quais você sente gratidão (incluindo as coisas difíceis).

- _____
- _____
- _____
- _____
- _____

2º PASSO
FAÇA UMA PRÉVIA DA SEMANA

Cheque seu calendário e anote os principais eventos ou atividades já agendados para a próxima semana.

- _____
- _____
- _____
- _____
- _____

3º PASSO
INVISTA INTENCIONALMENTE
E DESINVISTA DELIBERADAMENTE

Escreva duas ou três coisas essenciais em que esteja investindo menos do que deveria.

- _____
- _____
- _____

Escreva duas ou três coisas não essenciais em que esteja investindo mais do que deveria.

- _____
- _____
- _____

4º PASSO
ESCOLHA AS METAS DA SEMANA

Determine as três tarefas essenciais que você quer concluir ao longo da próxima semana.

- _____
- _____
- _____

SEGUNDA-FEIRA __ / __

O QUÊ? O que está acontecendo na minha vida?

___

___

___

___

___

___

POR QUÊ? Por que tudo isso importa?

___

___

___

> O não essencialista acha que quase tudo é essencial.
> O essencialista acha que quase tudo é não essencial.
> – *Essencialismo*, pp. 54–55

E AGORA? O que é importante agora?

1 projeto essencial

- _____

2 tarefas urgentes e essenciais

- _____
- _____

3 tarefas de manutenção

- _____
- _____
- _____

Outras tarefas ou observações

- _____
- _____
- _____
- _____
- _____
- _____
- _____
- _____

TERÇA-FEIRA ___ / ___

O QUÊ? O que está acontecendo na minha vida?

_____
_____
_____
_____
_____
_____
_____

POR QUÊ? Por que tudo isso importa?

_____
_____
_____
_____

> **DESAFIO DO DIA:**
> O que distingue os profissionais de melhor desempenho em qualquer organização não é seu grau de ocupação, mas sua capacidade de se concentrar no que é importante e de fazer isso de forma consistente ao longo do tempo. Veja como começar a fazer o mesmo:
> 1. **Deixe claro o que é essencial:** Faça uma lista de suas maiores prioridades na vida profissional e pessoal.
> 2. **Deixe claro por que essas coisas são importantes:** Por que elas importam tanto?
> 3. **Comunique:** Diga aos outros: "Este é o projeto prioritário em que estou trabalhando. E esta é a razão pela qual ele é tão importante."
>
> – Newsletter *1-Minute Wednesday*

E AGORA? O que é importante agora?

1 projeto essencial

- _____

2 tarefas urgentes e essenciais

- _____
- _____

3 tarefas de manutenção

- _____
- _____
- _____

Outras tarefas ou observações

- _____
- _____
- _____
- _____
- _____
- _____
- _____
- _____
- _____

QUARTA-FEIRA ___ / ___

O QUÊ? O que está acontecendo na minha vida?

_____
_____
_____
_____
_____
_____
_____

POR QUÊ? Por que tudo isso importa?

_____
_____
_____
_____

> Ao abrirmos mão de fazer escolhas, permitimos que os interesses alheios controlem a nossa vida.
> – *Essencialismo*, p. 24

E AGORA? O que é importante agora?

1 projeto essencial

- _____

2 tarefas urgentes e essenciais

- _____

- _____

3 tarefas de manutenção

- _____

- _____

- _____

Outras tarefas ou observações

- _____

- _____

- _____

- _____

- _____

- _____

- _____

- _____

QUINTA-FEIRA ___ / ___

O QUÊ? O que está acontecendo na minha vida?

_____
_____
_____
_____
_____
_____

POR QUÊ? Por que tudo isso importa?

_____
_____
_____
_____

> **DESAFIO DO DIA:**
> Conter-se quando você tem "mais gasolina para queimar" é vital para alcançar resultados revolucionários (...). Alcance um progresso consistente e constante estabelecendo um limite superior e inferior com esta regra: **nunca menos que X, nunca mais que Y**. Encontrar o intervalo certo lhe permite desenvolver um ritmo. O progresso começa a fluir, e suas ações passam a não demandar esforço.
>
> – Newsletter *1-Minute Wednesday*

E AGORA? O que é importante agora?

1 projeto essencial

- _____

2 tarefas urgentes e essenciais

- _____
- _____

3 tarefas de manutenção

- _____
- _____
- _____

Outras tarefas ou observações

- _____
- _____
- _____
- _____
- _____
- _____
- _____
- _____

SEXTA-FEIRA ___ / ___

O QUÊ? O que está acontecendo na minha vida?

_____

_____

_____

_____

_____

_____

_____

POR QUÊ? Por que tudo isso importa?

_____

_____

_____

_____

> O essencialismo não trata de fazer mais; trata de fazer as coisas *certas*. (...) É investir tempo e energia da forma mais sábia possível para dar sua contribuição máxima fazendo apenas o essencial.
> – *Essencialismo*, p. 13

E AGORA? O que é importante agora?

1 projeto essencial

- _____

2 tarefas urgentes e essenciais

- _____
- _____

3 tarefas de manutenção

- _____
- _____
- _____

Outras tarefas ou observações

- _____
- _____
- _____
- _____
- _____
- _____
- _____
- _____

SÁBADO ___ / ___

O QUÊ? O que está acontecendo na minha vida?

_____
_____
_____
_____
_____
_____

POR QUÊ? Por que tudo isso importa?

_____
_____
_____
_____

DESAFIO DO DIA:
A maioria das pessoas aborda a simplificação da maneira errada. Começamos com algo complexo e tentamos torná-lo mais simples. Em vez disso, tente adotar a abordagem oposta no dia de hoje: **comece do zero e depois acrescente apenas as etapas necessárias**.

– Newsletter *1-Minute Wednesday*

E AGORA? O que é importante agora?

1 projeto essencial

- _____

2 tarefas urgentes e essenciais

- _____

- _____

3 tarefas de manutenção

- _____

- _____

- _____

Outras tarefas ou observações

- _____

- _____

- _____

- _____

- _____

- _____

- _____

- _____

DOMINGO ___ / ___

O QUÊ? O que está acontecendo na minha vida?

_____
_____
_____
_____
_____
_____

POR QUÊ? Por que tudo isso importa?

_____
_____
_____
_____

> **Quando se concentra no que lhe falta, você perde o que tem.**
> **Quando se concentra no que tem, você consegue o que lhe falta.**
> – *Sem esforço,* pp. 70-71

E AGORA? O que é importante agora?

1 projeto essencial

- _____

2 tarefas urgentes e essenciais

- _____
- _____

3 tarefas de manutenção

- _____
- _____
- _____

Outras tarefas ou observações

- _____
- _____
- _____
- _____
- _____
- _____
- _____
- _____

REFLEXÃO
Semanal

1º PASSO
PRATIQUE A GRATIDÃO RADICAL

Recapitule sua última semana e anote cinco coisas pelas quais você sente gratidão (incluindo as coisas difíceis).

- _____
- _____
- _____
- _____
- _____

2º PASSO
FAÇA UMA PRÉVIA DA SEMANA

Cheque seu calendário e anote os principais eventos ou atividades já agendados para a próxima semana.

- _____
- _____
- _____
- _____
- _____

3º PASSO
INVISTA INTENCIONALMENTE E DESINVISTA DELIBERADAMENTE

Escreva duas ou três coisas essenciais em que esteja investindo menos do que deveria.

- _____
- _____
- _____

Escreva duas ou três coisas não essenciais em que esteja investindo mais do que deveria.

- _____
- _____
- _____

4º PASSO
ESCOLHA AS METAS DA SEMANA

Determine as três tarefas essenciais que você quer concluir ao longo da próxima semana.

- _____
- _____
- _____

SEGUNDA-FEIRA ___ / ___

O QUÊ? O que está acontecendo na minha vida?

_____
_____
_____
_____
_____
_____
_____

POR QUÊ? Por que tudo isso importa?

_____
_____
_____

> Costumamos pensar que a escolha é uma coisa, mas na verdade é uma *ação*. Não se trata apenas de algo que possuímos, mas de algo que fazemos. (...) Embora nem sempre tenhamos controle sobre as opções, *sempre* temos controle sobre qual delas escolhemos.
> – *Essencialismo*, p. 43

E AGORA? O que é importante agora?

1 projeto essencial

- _____

2 tarefas urgentes e essenciais

- _____
- _____

3 tarefas de manutenção

- _____
- _____
- _____

Outras tarefas ou observações

- _____
- _____
- _____
- _____
- _____
- _____
- _____
- _____

TERÇA-FEIRA __ / __

O QUÊ? O que está acontecendo na minha vida?

_____
_____
_____
_____
_____
_____
_____

POR QUÊ? Por que tudo isso importa?

_____
_____
_____
_____

DESAFIO DO DIA:
Quando seu jeito antigo de agir não estiver mais funcionando, tente algo novo:
1. Pense em algo trivial em que você esteja investindo mais do que deveria.
2. Anote o que isso está lhe custando em termos de saúde, família, amigos e projetos importantes.
3. Decida como você reagirá na próxima vez em que se sentir tentado a investir nisso novamente.

– Newsletter *1-Minute Wednesday*

E AGORA? O que é importante agora?

1 projeto essencial

- _____

2 tarefas urgentes e essenciais

- _____
- _____

3 tarefas de manutenção

- _____
- _____
- _____

Outras tarefas ou observações

- _____
- _____
- _____
- _____
- _____
- _____
- _____
- _____

QUARTA-FEIRA ___ /___

O QUÊ? O que está acontecendo na minha vida?

_____
_____
_____
_____
_____
_____

POR QUÊ? Por que tudo isso importa?

_____
_____
_____
_____

> Existem muito mais atividades e oportunidades no mundo do que o tempo e os recursos que temos para investir nelas. E, embora muitas possam até ser excelentes, o fato é que a maioria é trivial. O caminho do essencialista exige aprender a fazer essa distinção.
> – *Essencialismo*, p. 13

E AGORA? O que é importante agora?

1 projeto essencial

- _____

2 tarefas urgentes e essenciais

- _____
- _____

3 tarefas de manutenção

- _____
- _____
- _____

Outras tarefas ou observações

- _____
- _____
- _____
- _____
- _____
- _____
- _____
- _____

QUINTA-FEIRA ___ / ___

O QUÊ? O que está acontecendo na minha vida?

_____
_____
_____
_____
_____
_____

POR QUÊ? Por que tudo isso importa?

_____
_____
_____
_____

> **DESAFIO DO DIA:**
> Existem duas maneiras de abordar uma meta ou um prazo importante: pode-se começar cedo e pequeno ou tarde e grande. (...) "Cedo e pequeno" quer dizer começar quanto antes com o menor investimento possível de tempo. (...) Pegue uma meta ou um prazo que terá que cumprir e se pergunte: "Qual é o mínimo que posso fazer *agora mesmo* para me preparar?" (...) Não gaste mais que quatro minutos nesse projeto hoje. Simplesmente comece.
> – *Essencialismo*, p. 208

E AGORA? O que é importante agora?

1 projeto essencial

- _____

2 tarefas urgentes e essenciais

- _____
- _____

3 tarefas de manutenção

- _____
- _____
- _____

Outras tarefas ou observações

- _____
- _____
- _____
- _____
- _____
- _____
- _____

SEXTA-FEIRA ___ / ___

O QUÊ? O que está acontecendo na minha vida?

_____
_____
_____
_____
_____
_____
_____

POR QUÊ? Por que tudo isso importa?

_____
_____
_____
_____

> **Por que simplesmente suportamos as atividades essenciais quando podemos desfrutar delas? Ao unirmos atividades essenciais a atividades divertidas, podemos tornar sem esforço a execução até das tarefas mais chatas e extenuantes.**
>
> – *Sem esforço*, p. 55

E AGORA? O que é importante agora?

1 projeto essencial

- _____

2 tarefas urgentes e essenciais

- _____

- _____

3 tarefas de manutenção

- _____

- _____

- _____

Outras tarefas ou observações

- _____

- _____

- _____

- _____

- _____

- _____

- _____

- _____

SÁBADO ___ / ___

O QUÊ? O que está acontecendo na minha vida?

_____
_____
_____
_____
_____
_____

POR QUÊ? Por que tudo isso importa?

_____
_____
_____
_____

DESAFIO DO DIA:
Diga "não" a alguma coisa usando a seguinte estratégia:
1. Avalie a oportunidade: Daqui a um ano, vou me arrepender de ter dito "não" a esta oportunidade?
2. Concentre-se na contrapartida: Do que estarei abrindo mão se disser "sim" a esta oportunidade?
3. Lembre-se de como você se sente depois de dizer "não": Como me senti da última vez que disse "não" a uma oportunidade que não era adequada para mim?

– Newsletter *1-Minute Wednesday*

E AGORA? O que é importante agora?

1 projeto essencial

- _____

2 tarefas urgentes e essenciais

- _____

- _____

3 tarefas de manutenção

- _____

- _____

- _____

Outras tarefas ou observações

- _____

- _____

- _____

- _____

- _____

- _____

- _____

- _____

DOMINGO ___ / ___

O QUÊ? O que está acontecendo na minha vida?

_____
_____
_____
_____
_____
_____

POR QUÊ? Por que tudo isso importa?

_____
_____
_____
_____

> **Não existe relacionamento sem esforço, mas há um jeito mais fácil de mantê-lo sólido. Não precisamos concordar em tudo com a outra pessoa. Mas temos que estar presentes, realmente notá-la, dar-lhe toda a nossa atenção – talvez nem sempre, mas com a máxima frequência possível.**
> – *Sem esforço*, p. 102

E AGORA? O que é importante agora?

1 projeto essencial

- _____

2 tarefas urgentes e essenciais

- _____
- _____

3 tarefas de manutenção

- _____
- _____
- _____

Outras tarefas ou observações

- _____
- _____
- _____
- _____
- _____
- _____
- _____
- _____

REFLEXÃO
Semanal

1º PASSO
PRATIQUE A GRATIDÃO RADICAL

Recapitule sua última semana e anote cinco coisas pelas quais você sente gratidão (incluindo as coisas difíceis).

- _____
- _____
- _____
- _____
- _____

2º PASSO
FAÇA UMA PRÉVIA DA SEMANA

Cheque seu calendário e anote os principais eventos ou atividades já agendados para a próxima semana.

- _____
- _____
- _____
- _____
- _____

3º PASSO
INVISTA INTENCIONALMENTE E DESINVISTA DELIBERADAMENTE

Escreva duas ou três coisas essenciais em que esteja investindo menos do que deveria.

- _____
- _____
- _____

Escreva duas ou três coisas não essenciais em que esteja investindo mais do que deveria.

- _____
- _____
- _____

4º PASSO
ESCOLHA AS METAS DA SEMANA

Determine as três tarefas essenciais que você quer concluir ao longo da próxima semana.

- _____
- _____
- _____

SEGUNDA-FEIRA ___ / ___

O QUÊ? O que está acontecendo na minha vida?

_____
_____
_____
_____
_____
_____

POR QUÊ? Por que tudo isso importa?

_____
_____
_____
_____

> Os essencialistas veem as soluções de concessão como parte inerente da vida, não como algo negativo. Em vez de indagar "Do que tenho que abrir mão?", perguntam "Em que quero investir tudo?".
>
> – *Essencialismo*, p. 64

E AGORA? O que é importante agora?

1 projeto essencial

- _____

2 tarefas urgentes e essenciais

- _____
- _____

3 tarefas de manutenção

- _____
- _____
- _____

Outras tarefas ou observações

- _____
- _____
- _____
- _____
- _____
- _____
- _____
- _____

TERÇA-FEIRA ___ / ___

O QUÊ? O que está acontecendo na minha vida?

_____
_____
_____
_____
_____
_____
_____

POR QUÊ? Por que tudo isso importa?

_____
_____
_____
_____

DESAFIO DO DIA:

Repare em alguém fazendo uma coisa boa e o parabenize por isso. Elogie um parceiro ou um filho. Inicie uma reunião de trabalho comemorando algo que está dando certo.

– *The Greg McKeown Podcast,* episódio 260, "O que é essencial: perguntas e respostas sobre o poder das pequenas vitórias"

E AGORA? O que é importante agora?

1 projeto essencial

- _____

2 tarefas urgentes e essenciais

- _____
- _____

3 tarefas de manutenção

- _____
- _____
- _____

Outras tarefas ou observações

- _____
- _____
- _____
- _____
- _____
- _____
- _____
- _____

QUARTA-FEIRA ___ / ___

O QUÊ? O que está acontecendo na minha vida?

_____
_____
_____
_____
_____
_____
_____
_____

POR QUÊ? Por que tudo isso importa?

_____
_____
_____
_____

> O essencialismo é uma abordagem disciplinada e sistemática para determinar onde está seu ponto máximo de contribuição e depois tornar sua execução algo que quase não demanda esforço.
> – *Essencialismo*, p. 15

E AGORA? O que é importante agora?

1 projeto essencial

- _____

2 tarefas urgentes e essenciais

- _____
- _____

3 tarefas de manutenção

- _____
- _____
- _____

Outras tarefas ou observações

- _____
- _____
- _____
- _____
- _____
- _____
- _____
- _____

QUINTA-FEIRA __ / __

O QUÊ? O que está acontecendo na minha vida?

_____
_____
_____
_____
_____
_____

POR QUÊ? Por que tudo isso importa?

_____
_____
_____
_____

DESAFIO DO DIA:
Deixar claro o aspecto de algo finalizado ajuda você não só a terminá-lo como também a iniciá-lo. Muitas vezes, procrastinamos ou achamos difícil dar os primeiros passos em um projeto porque não temos uma linha de chegada nítida em mente. No dia de hoje, identifique um projeto importante no qual você esteja trabalhando e escreva como ele deverá ficar quando for finalizado.

– *The Greg McKeown Podcast,* episódio 227, "Defina o aspecto de algo finalizado"

E AGORA? O que é importante agora?

1 projeto essencial

- _____

2 tarefas urgentes e essenciais

- _____

- _____

3 tarefas de manutenção

- _____

- _____

- _____

Outras tarefas ou observações

- _____

- _____

- _____

- _____

- _____

- _____

- _____

- _____

SEXTA-FEIRA ___ / ___

O QUÊ? O que está acontecendo na minha vida?

_____
_____
_____
_____
_____
_____
_____

POR QUÊ? Por que tudo isso importa?

_____
_____
_____
_____

> **Em vez de perguntar "Por que isso é tão difícil?", inverta o raciocínio e pergunte: "E se isso pudesse ser fácil?"**
> – *Sem esforço*, p. 108

E AGORA? O que é importante agora?

1 projeto essencial

- _____

2 tarefas urgentes e essenciais

- _____
- _____

3 tarefas de manutenção

- _____
- _____
- _____

Outras tarefas ou observações

- _____
- _____
- _____
- _____
- _____
- _____
- _____
- _____

SÁBADO ___ / ___

O QUÊ? O que está acontecendo na minha vida?

_____
_____
_____
_____
_____
_____

POR QUÊ? Por que tudo isso importa?

_____
_____
_____
_____

DESAFIO DO DIA:

Pense em como foi a sua rotina dessa semana. Você dormiu menos de sete horas em alguma dessas noites? (...) O não essencialista considera o sono mais um fardo numa vida já cheia de exigências e compromissos. O essencialista, por sua vez, sabe que o sono é fundamental para que ele possa funcionar em um nível elevado de contribuição quase o tempo todo. No dia de hoje, planeje-se para dispor de mais tempo de sono todas as noites. Atenha-se a esse compromisso na semana que vem.

– *Essencialismo*, pp. 103-104

E AGORA? O que é importante agora?

1 projeto essencial

- _____

2 tarefas urgentes e essenciais

- _____
- _____

3 tarefas de manutenção

- _____
- _____
- _____

Outras tarefas ou observações

- _____
- _____
- _____
- _____
- _____
- _____
- _____
- _____

DOMINGO ___ / ___

O QUÊ? O que está acontecendo na minha vida?

_____
_____
_____
_____
_____
_____
_____

POR QUÊ? Por que tudo isso importa?

_____
_____
_____
_____

> Não procuramos uma infinidade de coisas boas para fazer. Queremos dar nosso nível máximo de contribuição: fazer a coisa certa, do jeito certo, na hora certa.
> – *Essencialismo*, p. 30

E AGORA? O que é importante agora?

1 projeto essencial

- _____

2 tarefas urgentes e essenciais

- _____
- _____

3 tarefas de manutenção

- _____
- _____
- _____

Outras tarefas ou observações

- _____
- _____
- _____
- _____
- _____
- _____
- _____
- _____

REFLEXÃO
Semanal

1º PASSO
PRATIQUE A GRATIDÃO RADICAL

Recapitule sua última semana e anote cinco coisas pelas quais você sente gratidão (incluindo as coisas difíceis).

- _____
- _____
- _____
- _____
- _____

2º PASSO
FAÇA UMA PRÉVIA DA SEMANA

Cheque seu calendário e anote os principais eventos ou atividades já agendados para a próxima semana.

- _____
- _____
- _____
- _____
- _____

3º PASSO
INVISTA INTENCIONALMENTE
E DESINVISTA DELIBERADAMENTE

Escreva duas ou três coisas essenciais em que esteja investindo menos do que deveria.

- _____
- _____
- _____

Escreva duas ou três coisas não essenciais em que esteja investindo mais do que deveria.

- _____
- _____
- _____

4º PASSO
ESCOLHA AS METAS DA SEMANA

Determine as três tarefas essenciais que você quer concluir ao longo da próxima semana.

- _____
- _____
- _____

SEGUNDA-FEIRA ___ / ___

O QUÊ? O que está acontecendo na minha vida?

_____
_____
_____
_____
_____
_____

POR QUÊ? Por que tudo isso importa?

_____
_____
_____
_____

> Já aconteceu de você continuar investindo tempo ou esforço em um projeto não essencial em vez de parar e diminuir seu prejuízo? Você já continuou aplicando dinheiro em um investimento que não estava dando resultado em vez de cair fora? (...) O não essencialista não consegue se libertar dessas armadilhas. O essencialista tem a coragem e a confiança necessárias para admitir seus erros e se descomprometer, sejam quais forem os custos disso.
>
> – *Essencialismo*, p. 154

E AGORA? O que é importante agora?

1 projeto essencial

- _____

2 tarefas urgentes e essenciais

- _____
- _____

3 tarefas de manutenção

- _____
- _____
- _____

Outras tarefas ou observações

- _____
- _____
- _____
- _____
- _____
- _____
- _____

TERÇA-FEIRA ___ / ___

O QUÊ? O que está acontecendo na minha vida?

_____
_____
_____
_____
_____
_____

POR QUÊ? Por que tudo isso importa?

_____
_____
_____

DESAFIO DO DIA:

O progresso pode acontecer de pouquinho em pouquinho. Dois segundos e meio é tempo suficiente para mudar o foco, largar o celular, fechar o navegador ou respirar fundo (...). Experimente o seguinte:

1. Faça uma lista de microações que você pode executar quando perceber que está sendo improdutivo (por exemplo: largar o celular, pegar seu planner, levantar-se e dar uma volta lá fora).
2. Mantenha essa lista onde possa vê-la com frequência.
3. Recorra a ela quando começar a se sentir improdutivo ou distraído.

– Newsletter *1-Minute Wednesday*

E AGORA? O que é importante agora?

1 projeto essencial

- _____

2 tarefas urgentes e essenciais

- _____

- _____

3 tarefas de manutenção

- _____

- _____

- _____

Outras tarefas ou observações

- _____

- _____

- _____

- _____

- _____

- _____

- _____

- _____

QUARTA-FEIRA ___ / ___

O QUÊ? O que está acontecendo na minha vida?

_____
_____
_____
_____
_____
_____
_____

POR QUÊ? Por que tudo isso importa?

_____
_____
_____
_____

> **Na hora de avaliar uma opção, pense no critério mais importante da escolha e simplesmente dê a cada opção uma nota de 0 a 100. Se a nota for menor que 90, mude-a automaticamente para 0 e rejeite a opção. Dessa maneira, você evita se enredar na indecisão ou, pior, em opções que tiveram nota 60 ou 70.**
>
> – *Essencialismo*, p. 113

E AGORA? O que é importante agora?

1 projeto essencial

- _____

2 tarefas urgentes e essenciais

- _____
- _____

3 tarefas de manutenção

- _____
- _____
- _____

Outras tarefas ou observações

- _____
- _____
- _____
- _____
- _____
- _____
- _____
- _____

QUINTA-FEIRA ___ / ___

O QUÊ? O que está acontecendo na minha vida?

_____
_____
_____
_____
_____
_____
_____

POR QUÊ? Por que tudo isso importa?

_____
_____
_____
_____
_____

DESAFIO DO DIA:
Hoje só faça o esforço do qual seria capaz de se recuperar completamente no mesmo dia. Experimente o seguinte:
1. Dedique as manhãs ao trabalho essencial.
2. Divida esse trabalho em três sessões de, no máximo, 90 minutos cada.
3. Faça um pequeno intervalo de 10 a 15 minutos entre as sessões para descansar e se recuperar.

– *The Greg McKeown Podcast,* episódio 51, "O que é essencial: Greg fala sobre a arte de não fazer nada"

E AGORA? O que é importante agora?

1 projeto essencial

- _____

2 tarefas urgentes e essenciais

- _____
- _____

3 tarefas de manutenção

- _____
- _____
- _____

Outras tarefas ou observações

- _____
- _____
- _____
- _____
- _____
- _____
- _____
- _____

SEXTA-FEIRA ___ / ___

O QUÊ? O que está acontecendo na minha vida?

_____
_____
_____
_____
_____
_____
_____

POR QUÊ? Por que tudo isso importa?

_____
_____
_____
_____

> Quando nos pedem alguma coisa, podemos confundir o pedido com nosso relacionamento com a pessoa que pede. (...) Só depois de separarmos a decisão do relacionamento é que podemos tomar uma decisão clara e, então, encontrar coragem para comunicá-la.
> – *Essencialismo*, p. 145

E AGORA? O que é importante agora?

1 projeto essencial

- _____

2 tarefas urgentes e essenciais

- _____
- _____

3 tarefas de manutenção

- _____
- _____
- _____

Outras tarefas ou observações

- _____
- _____
- _____
- _____
- _____
- _____
- _____
- _____

SÁBADO ___ / ___

O QUÊ? O que está acontecendo na minha vida?

_____
_____
_____
_____
_____
_____

POR QUÊ? Por que tudo isso importa?

_____
_____
_____

DESAFIO DO DIA:

Um amigo meu adota uma abordagem fantástica para o fracasso. Professor de espanhol, ele pede a seus alunos que imaginem um saco com 1.000 miçangas. Cada vez que cometerem um erro ao falar espanhol, vão retirar uma miçanga do saco. Quando o saco estiver vazio, eles terão alcançado o nível 1 de domínio da língua. Experimente sua própria versão deste exercício. Pense em algo que você deseja dominar e encare cometer erros desde cedo como uma forma de acelerar o aprendizado.

– Newsletter *1-Minute Wednesday*

E AGORA? O que é importante agora?

1 projeto essencial

- _____

2 tarefas urgentes e essenciais

- _____
- _____

3 tarefas de manutenção

- _____
- _____
- _____

Outras tarefas ou observações

- _____
- _____
- _____
- _____
- _____
- _____
- _____
- _____

DOMINGO ___ / ___

O QUÊ? O que está acontecendo na minha vida?

_____
_____
_____
_____
_____
_____

POR QUÊ? Por que tudo isso importa?

_____
_____
_____

> Os essencialistas *escolhem* o "não" com mais frequência do que *dizem* "não". (...) Desde uma resposta do tipo "Fico honrado por ter pensado em mim, mas temo ser incapaz de atendê-lo" a outra como "Adoraria, mas estou com a agenda cheia", existem várias maneiras de recusar solicitações de forma clara e educada sem usar a palavra "não".
> – *Essencialismo*, p. 146

E AGORA? O que é importante agora?

1 projeto essencial

- _____

2 tarefas urgentes e essenciais

- _____
- _____

3 tarefas de manutenção

- _____
- _____
- _____

Outras tarefas ou observações

- _____
- _____
- _____
- _____
- _____
- _____
- _____
- _____

REFLEXÃO
Semanal

1º PASSO
PRATIQUE A GRATIDÃO RADICAL

Recapitule sua última semana e anote cinco coisas pelas quais você sente gratidão (incluindo as coisas difíceis).

- _____
- _____
- _____
- _____
- _____

2º PASSO
FAÇA UMA PRÉVIA DA SEMANA

Cheque seu calendário e anote os principais eventos ou atividades já agendados para a próxima semana.

- _____
- _____
- _____
- _____
- _____

3º PASSO
INVISTA INTENCIONALMENTE
E DESINVISTA DELIBERADAMENTE

Escreva duas ou três coisas essenciais em que esteja investindo menos do que deveria.

- _____
- _____
- _____

Escreva duas ou três coisas não essenciais em que esteja investindo mais do que deveria.

- _____
- _____
- _____

4º PASSO
ESCOLHA AS METAS DA SEMANA

Determine as três tarefas essenciais que você quer concluir ao longo da próxima semana.

- _____
- _____
- _____

SEGUNDA-FEIRA ___ / ___

O QUÊ? O que está acontecendo na minha vida?

_____
_____
_____
_____
_____
_____

POR QUÊ? Por que tudo isso importa?

_____
_____
_____
_____

> *A busca pelo sucesso pode ser um catalisador do fracasso. Em outras palavras, o sucesso pode nos impedir de nos concentrarmos nas coisas essenciais que, antes de qualquer outra coisa, produzem o sucesso.*
> – Essencialismo, p. 21

E AGORA? O que é importante agora?

1 projeto essencial

- _____

2 tarefas urgentes e essenciais

- _____
- _____

3 tarefas de manutenção

- _____
- _____
- _____

Outras tarefas ou observações

- _____
- _____
- _____
- _____
- _____
- _____
- _____
- _____

TERÇA-FEIRA ___ / ___

O QUÊ? O que está acontecendo na minha vida?

_____
_____
_____
_____
_____
_____
_____

POR QUÊ? Por que tudo isso importa?

_____
_____
_____
_____

DESAFIO DO DIA:

Às vezes achamos difícil dizer "não" porque esquecemos que todo "sim" vem com uma concessão. Esta semana, concentre-se nas concessões que você está fazendo. Cada vez que disser "sim" a uma oportunidade, risque algo em sua agenda a que agora você precisará dizer "não".

– Newsletter *1-Minute Wednesday*

E AGORA? O que é importante agora?

1 projeto essencial

- _____

2 tarefas urgentes e essenciais

- _____

- _____

3 tarefas de manutenção

- _____

- _____

- _____

Outras tarefas ou observações

- _____

- _____

- _____

- _____

- _____

- _____

- _____

- _____

QUARTA-FEIRA ___ / ___

O QUÊ? O que está acontecendo na minha vida?

_____
_____
_____
_____
_____
_____
_____

POR QUÊ? Por que tudo isso importa?

_____
_____
_____
_____

> E se o maior impedimento para fazermos o que importa for a falsa suposição de que aquilo envolve um esforço imenso? E se passarmos a pensar que, se algo parece difícil, é porque ainda não encontramos o jeito mais fácil de fazê-lo?
> – *Sem esforço*, p. 39

E AGORA? O que é importante agora?

1 projeto essencial

- _____

2 tarefas urgentes e essenciais

- _____
- _____

3 tarefas de manutenção

- _____
- _____
- _____

Outras tarefas ou observações

- _____
- _____
- _____
- _____
- _____
- _____
- _____
- _____

QUINTA-FEIRA ___ / ___

O QUÊ? O que está acontecendo na minha vida?

_____
_____
_____
_____
_____
_____
_____

POR QUÊ? Por que tudo isso importa?

_____
_____
_____
_____

DESAFIO DO DIA:

Nosso crescimento, nossa realização e até mesmo nosso potencial estão ligados a nossa conexão com os outros. Estabeleça uma conexão com alguém hoje. Aqui vão algumas ideias:

- Faça uma boa ação para um estranho.
- Ajude alguém que você aconselha ou lidera a resolver um problema.
- Entre em contato com um amigo ou familiar com quem não fala há muito tempo.
- Contribua para um projeto comunitário.

– Newsletter *1-Minute Wednesday*

E AGORA? O que é importante agora?

1 projeto essencial

- _____

2 tarefas urgentes e essenciais

- _____
- _____

3 tarefas de manutenção

- _____
- _____
- _____

Outras tarefas ou observações

- _____
- _____
- _____
- _____
- _____
- _____
- _____
- _____

SEXTA-FEIRA ___ / ___

O QUÊ? O que está acontecendo na minha vida?

_____
_____
_____
_____
_____
_____
_____

POR QUÊ? Por que tudo isso importa?

_____
_____
_____

> Quando uma estratégia é tão complexa que cada passo é como empurrar uma pedra morro acima, faça uma pausa. Inverta o raciocínio. Pergunte: "Qual é o jeito mais simples de obter esse resultado?"
> – *Sem esforço*, p. 50

E AGORA? O que é importante agora?

1 projeto essencial

- _____

2 tarefas urgentes e essenciais

- _____
- _____

3 tarefas de manutenção

- _____
- _____
- _____

Outras tarefas ou observações

- _____
- _____
- _____
- _____
- _____
- _____
- _____
- _____

SÁBADO ___ / ___

O QUÊ? O que está acontecendo na minha vida?

_____
_____
_____
_____
_____
_____

POR QUÊ? Por que tudo isso importa?

_____
_____
_____
_____

> **DESAFIO DO DIA:**
> Escolha um clássico da literatura para ler. Enquanto faz a leitura, pense no que você está aprendendo e em como pode tirar proveito dessas ideias em sua vida. Pergunte a si mesmo: "Que tipo de material eu costumo ler mais? Sites de notícias? Textos de redes sociais? Livros superficiais de ficção? Como meu raciocínio mudaria se eu substituísse essa leitura pelos clássicos?"
> – *The Greg McKeown Podcast,* episódio 243, "O melhor do que os outros sabem"

E AGORA? O que é importante agora?

1 projeto essencial

- _____

2 tarefas urgentes e essenciais

- _____
- _____

3 tarefas de manutenção

- _____
- _____
- _____

Outras tarefas ou observações

- _____
- _____
- _____
- _____
- _____
- _____
- _____
- _____

DOMINGO ___/___

O QUÊ? O que está acontecendo na minha vida?

_____
_____
_____
_____
_____
_____
_____

POR QUÊ? Por que tudo isso importa?

_____
_____
_____
_____

> Os essencialistas passam o máximo de tempo possível explorando, escutando, debatendo, questionando e ponderando. Mas essa exploração não é um fim em si mesmo. Seu propósito é distinguir as poucas coisas vitais das muitas triviais.
> – *Essencialismo*, p. 30

E AGORA? O que é importante agora?

1 projeto essencial

- _____

2 tarefas urgentes e essenciais

- _____
- _____

3 tarefas de manutenção

- _____
- _____
- _____

Outras tarefas ou observações

- _____
- _____
- _____
- _____
- _____
- _____
- _____
- _____

REFLEXÃO
Semanal

1º PASSO
PRATIQUE A GRATIDÃO RADICAL

Recapitule sua última semana e anote cinco coisas pelas quais você sente gratidão (incluindo as coisas difíceis).

- _____
- _____
- _____
- _____
- _____

2º PASSO
FAÇA UMA PRÉVIA DA SEMANA

Cheque seu calendário e anote os principais eventos ou atividades já agendados para a próxima semana.

- _____
- _____
- _____
- _____
- _____

3º PASSO
INVISTA INTENCIONALMENTE E DESINVISTA DELIBERADAMENTE

Escreva duas ou três coisas essenciais em que esteja investindo menos do que deveria.

- _____
- _____
- _____

Escreva duas ou três coisas não essenciais em que esteja investindo mais do que deveria.

- _____
- _____
- _____

4º PASSO
ESCOLHA AS METAS DA SEMANA

Determine as três tarefas essenciais que você quer concluir ao longo da próxima semana.

- _____
- _____
- _____

SEGUNDA-FEIRA ___ / ___

O QUÊ? O que está acontecendo na minha vida?

_____
_____
_____
_____
_____
_____

POR QUÊ? Por que tudo isso importa?

_____
_____
_____
_____

> **O trabalho árduo é importante. No entanto, mais esforço não gera necessariamente mais resultado. "Menos porém melhor", sim.**
> – *Essencialismo*, p. 51

E AGORA? O que é importante agora?

1 projeto essencial

- _____

2 tarefas urgentes e essenciais

- _____
- _____

3 tarefas de manutenção

- _____
- _____
- _____

Outras tarefas ou observações

- _____
- _____
- _____
- _____
- _____
- _____
- _____
- _____

TERÇA-FEIRA ____ / ____

O QUÊ? O que está acontecendo na minha vida?

_____
_____
_____
_____
_____
_____

POR QUÊ? Por que tudo isso importa?

_____
_____
_____
_____

DESAFIO DO DIA:

Muita gente fica nervosa diante da expectativa de dizer "não" ao chefe ou a um cliente importante. Mas você não precisa se sentir assim. Em vez disso, experimente hoje fazer uma pergunta de continuidade para criar um diálogo em torno do que deve ser priorizado, como, por exemplo: "Estou trabalhando nisso aqui. O que você gostaria que eu despriorizasse?"

– Newsletter *1-Minute Wednesday*

E AGORA? O que é importante agora?

1 projeto essencial

- _____

2 tarefas urgentes e essenciais

- _____
- _____

3 tarefas de manutenção

- _____
- _____
- _____

Outras tarefas ou observações

- _____
- _____
- _____
- _____
- _____
- _____
- _____
- _____

QUARTA-FEIRA ___ / ___

O QUÊ? O que está acontecendo na minha vida?

_____
_____
_____
_____
_____
_____
_____

POR QUÊ? Por que tudo isso importa?

_____
_____
_____
_____

> **Para enxergar os outros com mais clareza, deixe de lado suas opiniões, seus conselhos e julgamentos e ponha a verdade deles acima da sua.**
> – *Sem esforço*, p. 109

E AGORA? O que é importante agora?

1 projeto essencial

- _____

2 tarefas urgentes e essenciais

- _____
- _____

3 tarefas de manutenção

- _____
- _____
- _____

Outras tarefas ou observações

- _____
- _____
- _____
- _____
- _____
- _____
- _____
- _____

QUINTA-FEIRA ___ / ___

O QUÊ? O que está acontecendo na minha vida?

_____
_____
_____
_____
_____
_____

POR QUÊ? Por que tudo isso importa?

_____
_____
_____

DESAFIO DO DIA:
Quando você se deparar com um desafio no dia de hoje, pergunte a si mesmo: "Como estou tornando as coisas mais difíceis do que precisam ser?" Quando tiver a resposta para essa pergunta, você saberá algo valioso: o que fazer a seguir. É simples e fácil assim.

– Newsletter *1-Minute Wednesday*

E AGORA? O que é importante agora?

1 projeto essencial

- _____

2 tarefas urgentes e essenciais

- _____
- _____

3 tarefas de manutenção

- _____
- _____
- _____

Outras tarefas ou observações

- _____
- _____
- _____
- _____
- _____
- _____
- _____
- _____

SEXTA-FEIRA ____ / ____

O QUÊ? O que está acontecendo na minha vida?

_____
_____
_____
_____
_____
_____

POR QUÊ? Por que tudo isso importa?

_____
_____
_____
_____

> As pessoas tendem a pensar que foco é uma coisa. Sim, foco é algo que temos. Mas também é algo que *produzimos*. Para *ter* foco é preciso escapar para *criar* o foco.
>
> – *Essencialismo*, p. 74

E AGORA? O que é importante agora?

1 projeto essencial

- _____

2 tarefas urgentes e essenciais

- _____
- _____

3 tarefas de manutenção

- _____
- _____
- _____

Outras tarefas ou observações

- _____
- _____
- _____
- _____
- _____
- _____
- _____
- _____

SÁBADO ___ / ___

O QUÊ? O que está acontecendo na minha vida?

_____
_____
_____
_____
_____
_____
_____

POR QUÊ? Por que tudo isso importa?

_____
_____
_____
_____

> **DESAFIO DO DIA:**
> A curiosidade é mais que apenas um traço de personalidade. A verdadeira curiosidade, do tipo capaz de levar a inovações e descobertas, é uma escolha intencional da maneira como vivemos. Para desenvolvê-la, faça mais perguntas: esteja você conversando com colegas, em uma entrevista de emprego ou falando com um amigo ou parceiro, aprofunde a conversa fazendo uma segunda pergunta e uma terceira.
>
> – *The Greg McKeown Podcast,* episódio 219, "Curiosidade é disciplina"

E AGORA? O que é importante agora?

1 projeto essencial

- _____

2 tarefas urgentes e essenciais

- _____
- _____

3 tarefas de manutenção

- _____
- _____
- _____

Outras tarefas ou observações

- _____
- _____
- _____
- _____
- _____
- _____
- _____
- _____

DOMINGO ___ / ___

O QUÊ? O que está acontecendo na minha vida?

_____
_____
_____
_____
_____
_____
_____

POR QUÊ? Por que tudo isso importa?

_____
_____
_____
_____

> Você já percebeu que quanto mais reclama – e quanto mais lê e ouve outras pessoas reclamarem –, mais fácil fica encontrar motivo para reclamar? Por outro lado, já percebeu que quanto mais agradecido fica, mais coisas tem a agradecer?
> – *Sem esforço*, p. 68

E AGORA? O que é importante agora?

1 projeto essencial

- _____

2 tarefas urgentes e essenciais

- _____
- _____

3 tarefas de manutenção

- _____
- _____
- _____

Outras tarefas ou observações

- _____
- _____
- _____
- _____
- _____
- _____
- _____

REFLEXÃO
Semanal

1º PASSO
PRATIQUE A GRATIDÃO RADICAL

Recapitule sua última semana e anote cinco coisas pelas quais você sente gratidão (incluindo as coisas difíceis).

- _____
- _____
- _____
- _____
- _____

2º PASSO
FAÇA UMA PRÉVIA DA SEMANA

Cheque seu calendário e anote os principais eventos ou atividades já agendados para a próxima semana.

- _____
- _____
- _____
- _____
- _____

3º PASSO
INVISTA INTENCIONALMENTE E DESINVISTA DELIBERADAMENTE

Escreva duas ou três coisas essenciais em que esteja investindo menos do que deveria.

- _____
- _____
- _____

Escreva duas ou três coisas não essenciais em que esteja investindo mais do que deveria.

- _____
- _____
- _____

4º PASSO
ESCOLHA AS METAS DA SEMANA

Determine as três tarefas essenciais que você quer concluir ao longo da próxima semana.

- _____
- _____
- _____

SEGUNDA-FEIRA __ / __

O QUÊ? O que está acontecendo na minha vida?

_____
_____
_____
_____
_____
_____
_____

POR QUÊ? Por que tudo isso importa?

_____
_____
_____
_____

> **Nossa maior prioridade é proteger nossa capacidade de priorizar.**
> – *Essencialismo*, p. 110

E AGORA? O que é importante agora?

1 projeto essencial

- _____

2 tarefas urgentes e essenciais

- _____
- _____

3 tarefas de manutenção

- _____
- _____
- _____

Outras tarefas ou observações

- _____
- _____
- _____
- _____
- _____
- _____
- _____
- _____

TERÇA-FEIRA ___ / ___

O QUÊ? O que está acontecendo na minha vida?

_____
_____
_____
_____
_____
_____

POR QUÊ? Por que tudo isso importa?

_____
_____
_____
_____

> **DESAFIO DO DIA:**
> A rotina é uma das ferramentas mais poderosas para remover obstáculos. Sem ela, a atração das distrações não essenciais nos domina. Mas, se criarmos uma rotina capaz de preservar o essencial, começaremos a executá-la no piloto automático. Como você pode alavancar sua rotina diária de modo a eliminar os obstáculos do dia a dia e evitar a fadiga decisória – seja automatizando o que você veste ou o que come – para poder dedicar mais de sua atividade mental a algo mais essencial?
>
> – *Essencialismo*, p. 214

E AGORA? O que é importante agora?

1 projeto essencial

- _____

2 tarefas urgentes e essenciais

- _____
- _____

3 tarefas de manutenção

- _____
- _____
- _____

Outras tarefas ou observações

- _____
- _____
- _____
- _____
- _____
- _____
- _____
- _____

QUARTA-FEIRA ___ / ___

O QUÊ? O que está acontecendo na minha vida?

_____
_____
_____
_____
_____
_____
_____

POR QUÊ? Por que tudo isso importa?

_____
_____
_____
_____

> Quando passamos de determinado ponto, mais esforço não produz melhor desempenho. Em vez disso, o excesso sabota o resultado. Os economistas dão a isso o nome de lei dos rendimentos decrescentes.
>
> – *Sem esforço*, p. 113

E AGORA? O que é importante agora?

1 projeto essencial

- _____

2 tarefas urgentes e essenciais

- _____
- _____

3 tarefas de manutenção

- _____
- _____
- _____

Outras tarefas ou observações

- _____
- _____
- _____
- _____
- _____
- _____
- _____
- _____

QUINTA-FEIRA ___ / ___

O QUÊ? O que está acontecendo na minha vida?

_____
_____
_____
_____
_____
_____

POR QUÊ? Por que tudo isso importa?

_____
_____
_____
_____

DESAFIO DO DIA:

O segredo do sucesso está em aprender com o nosso passado. Para ajudá-lo a se lembrar de suas experiências e refletir sobre elas, mantenha um diário (você pode usar o espaço acima para esse registro). Mas, em vez de tratar de cada detalhe do seu dia, concentre-se em duas ou três coisas importantes, tais como:

- Algo que aconteceu e que você deseja lembrar.
- Algo que você aprendeu.
- Algo pelo qual você sentiu gratidão.

– Newsletter *1-Minute Wednesday*

E AGORA? O que é importante agora?

1 projeto essencial

- _____

2 tarefas urgentes e essenciais

- _____
- _____

3 tarefas de manutenção

- _____
- _____
- _____

Outras tarefas ou observações

- _____
- _____
- _____
- _____
- _____
- _____
- _____
- _____

SEXTA-FEIRA ___ / ___

O QUÊ? O que está acontecendo na minha vida?

_____
_____
_____
_____
_____
_____
_____

POR QUÊ? Por que tudo isso importa?

_____
_____
_____
_____

> Fugir de perguntas difíceis pode ser tentador para todos nós. Muitas vezes é mais fácil dar uma resposta vaga e abrangente do que reunir os fatos e informações necessários para oferecer uma resposta ponderada. Mas ser evasivo só nos leva a uma espiral não essencial de mais imprecisão e desinformação. Esclarecer a questão é um jeito de sair desse ciclo.
> – *Essencialismo*, p. 88

E AGORA? O que é importante agora?

1 projeto essencial

- _____

2 tarefas urgentes e essenciais

- _____
- _____

3 tarefas de manutenção

- _____
- _____
- _____

Outras tarefas ou observações

- _____
- _____
- _____
- _____
- _____
- _____
- _____
- _____

SÁBADO ___ / ___

O QUÊ? O que está acontecendo na minha vida?

_____
_____
_____
_____
_____

POR QUÊ? Por que tudo isso importa?

_____
_____
_____
_____

DESAFIO DO DIA:

Deixar de estabelecer pontos de referência consistentes e reconhecíveis pode atrapalhar sua capacidade de realizar avanços significativos. Tente eliminar as coisas triviais que o estão impedindo de enxergar as poucas que são essenciais. Para avaliar seu progresso, faça o seguinte:

1. Identifique um "ponto de referência" e responda a estas perguntas:
   - O que preciso fazer hoje para avançar em direção a esse objetivo? Esta semana? Este mês? Este trimestre?
   - Que coisas triviais estão ofuscando a minha visão?
2. Uma vez a cada três meses, reserve um tempo para avaliar seu progresso – e corrija o curso, se necessário.

– Newsletter *1-Minute Wednesday*

E AGORA? O que é importante agora?

1 projeto essencial

- _____

2 tarefas urgentes e essenciais

- _____
- _____

3 tarefas de manutenção

- _____
- _____
- _____

Outras tarefas ou observações

- _____
- _____
- _____
- _____
- _____
- _____
- _____
- _____

DOMINGO ___ / ___

O QUÊ? O que está acontecendo na minha vida?

_____
_____
_____
_____
_____
_____
_____

POR QUÊ? Por que tudo isso importa?

_____
_____
_____
_____

> **Se você só pudesse ser verdadeiramente excelente em uma coisa, qual seria ela?**
> – *Essencialismo*, p. 135

E AGORA? O que é importante agora?

1 projeto essencial

- _____

2 tarefas urgentes e essenciais

- _____
- _____

3 tarefas de manutenção

- _____
- _____
- _____

Outras tarefas ou observações

- _____
- _____
- _____
- _____
- _____
- _____
- _____
- _____

REFLEXÃO
Semanal

1º PASSO
PRATIQUE A GRATIDÃO RADICAL

Recapitule sua última semana e anote cinco coisas pelas quais você sente gratidão (incluindo as coisas difíceis).

- _____
- _____
- _____
- _____
- _____

2º PASSO
FAÇA UMA PRÉVIA DA SEMANA

Cheque seu calendário e anote os principais eventos ou atividades já agendados para a próxima semana.

- _____
- _____
- _____
- _____
- _____

3º PASSO
INVISTA INTENCIONALMENTE E DESINVISTA DELIBERADAMENTE

Escreva duas ou três coisas essenciais em que esteja investindo menos do que deveria.

- _____
- _____
- _____

Escreva duas ou três coisas não essenciais em que esteja investindo mais do que deveria.

- _____
- _____

4º PASSO
ESCOLHA AS METAS DA SEMANA

Determine as três tarefas essenciais que você quer concluir ao longo da próxima semana.

- _____
- _____
- _____

SEGUNDA-FEIRA ___ / ___

O QUÊ? O que está acontecendo na minha vida?

_____
_____
_____
_____
_____
_____
_____

POR QUÊ? Por que tudo isso importa?

_____
_____
_____
_____

> **Estranhamente, alguns reagem à exaustão e à sobrecarga prometendo trabalhar ainda mais. Em nada ajuda o fato de nossa cultura glorificar o esgotamento físico e mental – ou síndrome de burnout – como medida de sucesso e valor pessoal. (...) O burnout não é uma medalha de honra.**
>
> – *Sem esforço*, p. 15

E AGORA? O que é importante agora?

1 projeto essencial

- _____

2 tarefas urgentes e essenciais

- _____
- _____

3 tarefas de manutenção

- _____
- _____
- _____

Outras tarefas ou observações

- _____
- _____
- _____
- _____
- _____
- _____
- _____
- _____

TERÇA-FEIRA ___ / ___

O QUÊ? O que está acontecendo na minha vida?

_____
_____
_____
_____
_____
_____

POR QUÊ? Por que tudo isso importa?

_____
_____
_____
_____

DESAFIO DO DIA:

A aversão à perda é a ideia de que a dor de perder algo nos parece mais significativa que a alegria de ganhar outra coisa. Para ajudar você a desapegar, use esta estratégia sugerida pelo psicólogo Tom Stafford, da BBC:

- Pense em algo (um objeto ou uma responsabilidade) que você tem medo de perder.
- Finja que essa coisa não lhe pertence e pergunte a si mesmo: "Quanto eu pagaria para obtê-la?"
- No caso de coisas imateriais, pergunte-se: "Quanto eu me esforçaria para me envolver nela se já não estivesse envolvido?"

– Newsletter *1-Minute Wednesday*

E AGORA? O que é importante agora?

1 projeto essencial

- _____

2 tarefas urgentes e essenciais

- _____
- _____

3 tarefas de manutenção

- _____
- _____
- _____

Outras tarefas ou observações

- _____
- _____
- _____
- _____
- _____
- _____
- _____
- _____

QUARTA-FEIRA ___ / ___

O QUÊ? O que está acontecendo na minha vida?

_____
_____
_____
_____
_____
_____
_____

POR QUÊ? Por que tudo isso importa?

_____
_____
_____
_____

> **Nos nossos relacionamentos sempre vão existir pessoas que tendem a nos exigir mais atenção do que outras. São as que fazem com que os problemas delas se tornem nossos. Elas nos distraem do nosso propósito. (...) Mas, quando os outros fazem com que os problemas deles se tornem nossos, não os ajudamos em nada. Ao assumirmos os problemas deles, lhes tiramos a capacidade de resolvê-los.**
>
> – *Essencialismo,* pp. 174-175

E AGORA? O que é importante agora?

1 projeto essencial

- _____

2 tarefas urgentes e essenciais

- _____
- _____

3 tarefas de manutenção

- _____
- _____
- _____

Outras tarefas ou observações

- _____
- _____
- _____
- _____
- _____
- _____
- _____
- _____

QUINTA-FEIRA ___ / ___

O QUÊ? O que está acontecendo na minha vida?

_____
_____
_____
_____
_____
_____
_____

POR QUÊ? Por que tudo isso importa?

_____
_____
_____
_____

DESAFIO DO DIA:

As equipes de melhor desempenho têm uma coisa em comum: segurança psicológica. Esta semana, use este processo de três etapas para inserir mais segurança psicológica em conversas difíceis:

1. Declare qual não é a sua intenção.
2. Declare qual é a sua intenção.
3. Faça a pergunta mágica: "Estamos dispostos a conversar até que, juntos, possamos encontrar uma solução que seja melhor que as que já foram sugeridas ou aplicadas no passado?"

– *The Greg McKeown Podcast,* episódio 140, "Uma frase para alcançar a segurança psicológica"

E AGORA? O que é importante agora?

1 projeto essencial

- _____

2 tarefas urgentes e essenciais

- _____
- _____

3 tarefas de manutenção

- _____
- _____
- _____

Outras tarefas ou observações

- _____
- _____
- _____
- _____
- _____
- _____
- _____
- _____

SEXTA-FEIRA ___ / ___

O QUÊ? O que está acontecendo na minha vida?

_____
_____
_____
_____
_____
_____
_____

POR QUÊ? Por que tudo isso importa?

_____
_____
_____
_____

> **Há duas maneiras de pensar o essencialismo. A primeira é vê-lo como algo que você *faz* de vez em quando. A segunda é pensar nele como algo que você *é*. Na primeira, o essencialismo é mais um item acrescentado a uma vida já cheia. Na outra, é um modo diferente e mais simples de fazer tudo.**
>
> – *Essencialismo*, p. 234

E AGORA? O que é importante agora?

1 projeto essencial

- _____

2 tarefas urgentes e essenciais

- _____
- _____

3 tarefas de manutenção

- _____
- _____
- _____

Outras tarefas ou observações

- _____
- _____
- _____
- _____
- _____
- _____
- _____
- _____

SÁBADO ___ / ___

O QUÊ? O que está acontecendo na minha vida?

_____
_____
_____
_____
_____
_____

POR QUÊ? Por que tudo isso importa?

_____
_____
_____

DESAFIO DO DIA:

O arrependimento pode desempenhar um papel inspirador para nos ajudar a fazer escolhas melhores no futuro. Siga este processo para permitir que o arrependimento impulsione uma mudança positiva em sua vida:
- Identifique um arrependimento seu.
- Pense em como você gostaria que a situação tivesse sido e como realmente foi.
- Visualize como será o futuro se você não fizer uma mudança.
- Use o espaço que você tem para fazer algo diferente.

– *The Greg McKeown Podcast,* episódio 160, "Não é tarde demais"

E AGORA? O que é importante agora?

1 projeto essencial

- _____

2 tarefas urgentes e essenciais

- _____

- _____

3 tarefas de manutenção

- _____

- _____

- _____

Outras tarefas ou observações

- _____

- _____

- _____

- _____

- _____

- _____

- _____

- _____

DOMINGO ___ / ___

O QUÊ? O que está acontecendo na minha vida?

_____
_____
_____
_____
_____
_____
_____

POR QUÊ? Por que tudo isso importa?

_____
_____
_____
_____

> O caminho do essencialista não se limita a contar vitórias; tem a ver com levar a vida com significado e propósito. Ao fazer uma retrospectiva da carreira e da vida, o que é melhor: ver uma lista enorme de realizações sem nenhuma importância ou poucas realizações maiores com significado e importância reais?
>
> – *Essencialismo*, p. 238

E AGORA? O que é importante agora?

1 projeto essencial

- _____

2 tarefas urgentes e essenciais

- _____
- _____

3 tarefas de manutenção

- _____
- _____
- _____

Outras tarefas ou observações

- _____
- _____
- _____
- _____
- _____
- _____
- _____
- _____

REFLEXÃO
Semanal

1º PASSO
PRATIQUE A GRATIDÃO RADICAL

Recapitule sua última semana e anote cinco coisas pelas quais você sente gratidão (incluindo as coisas difíceis).

- _____
- _____
- _____
- _____
- _____

2º PASSO
FAÇA UMA PRÉVIA DA SEMANA

Cheque seu calendário e anote os principais eventos ou atividades já agendados para a próxima semana.

- _____
- _____
- _____
- _____
- _____

3º PASSO
INVISTA INTENCIONALMENTE
E DESINVISTA DELIBERADAMENTE

Escreva duas ou três coisas essenciais em que esteja investindo menos do que deveria.

- _____
- _____
- _____

Escreva duas ou três coisas não essenciais em que esteja investindo mais do que deveria.

- _____
- _____
- _____

4º PASSO
ESCOLHA AS METAS DA SEMANA

Determine as três tarefas essenciais que você quer concluir ao longo da próxima semana.

- _____
- _____
- _____

SEGUNDA-FEIRA ___ / ___

O QUÊ? O que está acontecendo na minha vida?

_____
_____
_____
_____
_____
_____

POR QUÊ? Por que tudo isso importa?

_____
_____
_____
_____

> Com o foco no que é realmente importante *agora*, vem a capacidade de levar a vida com mais intensidade no momento presente.
> – *Essencialismo*, p. 243

E AGORA? O que é importante agora?

1 projeto essencial

- _____

2 tarefas urgentes e essenciais

- _____
- _____

3 tarefas de manutenção

- _____
- _____
- _____

Outras tarefas ou observações

- _____
- _____
- _____
- _____
- _____
- _____
- _____
- _____

TERÇA-FEIRA ___ / ___

O QUÊ? O que está acontecendo na minha vida?

_____
_____
_____
_____
_____
_____
_____

POR QUÊ? Por que tudo isso importa?

_____
_____
_____
_____

DESAFIO DO DIA:

Nesse mundo de imprevisibilidade, devemos esperar que o inesperado seja um elemento frequente. Podemos nos preparar para o inesperado elaborando uma margem de segurança para nossas tarefas e nossos projetos essenciais. Esta semana, insira 50% de tempo a mais para suas tarefas mais importantes. Considere um tempo a mais de 100% a 200% como margem de segurança para grandes transições na vida.

– *The Greg McKeown Podcast,* episódio 211, "Essencialismo e transições"

E AGORA? O que é importante agora?

1 projeto essencial

- _____

2 tarefas urgentes e essenciais

- _____
- _____

3 tarefas de manutenção

- _____
- _____
- _____

Outras tarefas ou observações

- _____
- _____
- _____
- _____
- _____
- _____
- _____
- _____

QUARTA-FEIRA ___ / ___

O QUÊ? O que está acontecendo na minha vida?

_____
_____
_____
_____
_____
_____
_____

POR QUÊ? Por que tudo isso importa?

_____
_____
_____
_____

> Os essencialistas são observadores e ouvintes poderosos. Como sabem que a realidade de ter que perder para ganhar não lhes permite prestar atenção em tudo, buscam deliberadamente escutar o que não está sendo afirmado de forma explícita. Leem nas entrelinhas. Os não essencialistas também escutam, mas o fazem enquanto se preparam para dizer alguma coisa. Distraem-se com ruídos. (...) Na ânsia de reagir, deixam de ver o principal.
> – *Essencialismo*, pp. 84-85

E AGORA? O que é importante agora?

1 projeto essencial

- _____

2 tarefas urgentes e essenciais

- _____
- _____

3 tarefas de manutenção

- _____
- _____
- _____

Outras tarefas ou observações

- _____
- _____
- _____
- _____
- _____
- _____
- _____
- _____

QUINTA-FEIRA ___ / ___

O QUÊ? O que está acontecendo na minha vida?

_____
_____
_____
_____
_____
_____
_____

POR QUÊ? Por que tudo isso importa?

_____
_____
_____
_____

DESAFIO DO DIA:
Você pode escolher se o medo de perder algo ou de ficar de fora prejudica ou ajuda você seguindo estes pequenos passos:
1. Da próxima vez que sentir isso, pare para se observar.
2. Pergunte-se: "Isso é apenas ciúme/inveja ou pode estar revelando algo que me sinto impelido a fazer?"
3. Reserve um espaço na sua agenda esta semana para explorar essa questão com mais profundidade.

– Newsletter *1-Minute Wednesday*

E AGORA? O que é importante agora?

1 projeto essencial

- _____

2 tarefas urgentes e essenciais

- _____
- _____

3 tarefas de manutenção

- _____
- _____
- _____

Outras tarefas ou observações

- _____
- _____
- _____
- _____
- _____
- _____
- _____
- _____

SEXTA-FEIRA ___ / ___

O QUÊ? O que está acontecendo na minha vida?

_____
_____
_____
_____
_____
_____
_____

POR QUÊ? Por que tudo isso importa?

_____
_____
_____
_____

> Quando estiver diante de muitas tarefas e obrigações e não conseguir descobrir qual delas deve executar primeiro, pare. Respire fundo. Focalize o momento presente e se pergunte o que é mais importante naquele instante, não o que será mais importante amanhã nem dali a uma hora. Se não tiver certeza, faça uma lista de tudo o que disputa a sua atenção e risque o que não for importante *agora*.
> – *Essencialismo*, p. 229

E AGORA? O que é importante agora?

1 projeto essencial

- _____

2 tarefas urgentes e essenciais

- _____
- _____

3 tarefas de manutenção

- _____
- _____
- _____

Outras tarefas ou observações

- _____
- _____
- _____
- _____
- _____
- _____
- _____
- _____

SÁBADO ___ / ___

O QUÊ? O que está acontecendo na minha vida?

_____
_____
_____
_____
_____
_____
_____

POR QUÊ? Por que tudo isso importa?

_____
_____
_____
_____

DESAFIO DO DIA:

Já aconteceu de você estar superfocado e então receber um e-mail problemático que simplesmente fura a sua bolha de produtividade? A **reinicialização de 1 minuto** pode colocá-lo de volta nos trilhos. Eis como:

1. Preencha uma página com verdades positivas sobre a sua vida (como, por exemplo, conquistas importantes, sinais de crescimento ou lembranças favoritas).
2. Quando você começar a se sentir emocionalmente assoberbado, pare por um minuto e releia essa página.

– Newsletter *1-Minute Wednesday*

E AGORA? O que é importante agora?

1 projeto essencial

- _____

2 tarefas urgentes e essenciais

- _____

- _____

3 tarefas de manutenção

- _____

- _____

- _____

Outras tarefas ou observações

- _____

- _____

- _____

- _____

- _____

- _____

- _____

- _____

DOMINGO ___ / ___

O QUÊ? O que está acontecendo na minha vida?

_____
_____
_____
_____
_____
_____
_____

POR QUÊ? Por que tudo isso importa?

_____
_____
_____
_____

> Brincar expande a mente de um jeito que nos permite explorar: fazer novas ideias brotarem ou ver as antigas sob uma nova luz. A atividade lúdica nos torna mais questionadores, mais antenados com as novidades, mais empenhados.
>
> – *Essencialismo*, p. 94

E AGORA? O que é importante agora?

1 projeto essencial

- _____

2 tarefas urgentes e essenciais

- _____

- _____

3 tarefas de manutenção

- _____

- _____

- _____

Outras tarefas ou observações

- _____

- _____

- _____

- _____

- _____

- _____

- _____

- _____

REFLEXÃO
Semanal

1º PASSO
PRATIQUE A GRATIDÃO RADICAL

Recapitule sua última semana e anote cinco coisas pelas quais você sente gratidão (incluindo as coisas difíceis).

- _____
- _____
- _____
- _____
- _____

2º PASSO
FAÇA UMA PRÉVIA DA SEMANA

Cheque seu calendário e anote os principais eventos ou atividades já agendados para a próxima semana.

- _____
- _____
- _____
- _____
- _____

3º PASSO
INVISTA INTENCIONALMENTE
E DESINVISTA DELIBERADAMENTE

Escreva duas ou três coisas essenciais em que esteja investindo menos do que deveria.

- _____

- _____

- _____

Escreva duas ou três coisas não essenciais em que esteja investindo mais do que deveria.

- _____

- _____

- _____

4º PASSO
ESCOLHA AS METAS DA SEMANA

Determine as três tarefas essenciais que você quer concluir ao longo da próxima semana.

- _____

- _____

- _____

RECURSOS ADICIONAIS

Para obter mais inspiração, informações sobre o essencialismo e leituras complementares, consulte as seguintes fontes:

Essencialismo e Sem esforço
Presentes na lista de mais vendidos do *The New York Times*, estes meus dois livros venderam, juntos, 2 milhões de cópias e foram traduzidos para 37 idiomas. No site da Sextante você encontra o primeiro capítulo de cada livro.

Newsletter *1-Minute Wednesday*
Inscreva-se para receber o meu boletim informativo semanal [em inglês] e leia as edições anteriores em:
gregmckeown.com/1mw

The Greg McKeown Podcast
Ouça meu podcast semanal [em inglês] para ter acesso a conversas semanais inspiradas e focadas em aprender como colocar o que é importante para você em primeiro lugar e como fazer menos porém melhor.
gregmckeown.com/podcast

The Essentialism Academy
Esta série de cursos e ferramentas [em inglês] foi projetada para ajudá-lo a se aprofundar na minha filosofia com instruções em vídeo, passos diários claros e materiais para impressão. Inscreva-se em:
Essentialism.com

ANOTAÇÕES

CONHEÇA OS LIVROS DE GREG MCKEOWN

Essencialismo

Sem esforço

O planner do essencialismo

Para saber mais sobre os títulos e autores da Editora Sextante,
visite o nosso site e siga as nossas redes sociais.
Além de informações sobre os próximos lançamentos,
você terá acesso a conteúdos exclusivos
e poderá participar de promoções e sorteios.

sextante.com.br